POLYGLOTT on tour

Costa Blanca

Land València

Robert Möginger

Special

Allgemeines

Städtebeschreibungen

Große Kultur, kaufmännische Tradition und modernes Design gehen in Spaniens drittgrößter Metropole eine anregende Verbindung ein.

Typisch mediterrane Wärme und Lebensfreude erwartet den Besucher der Hafenstadt im Zentrum der Costa Blanca.

Murcia bietet eine überraschende kulturelle Vielfalt, architektonische Juwelen und Gaumenfreuden – nicht nur für Vegetarier.

Touren

Tour 1

Blütenduft und Badefreuden

Seite 51

Vom antiken Amphitheater von Sagunt über moderne Strandbäder bis Peníscola, der mittelalterlichen »Stadt im Meer«.

Tour 2

El Maestrazgo: Enklave der Ritter

Seite 59

Eine Zeitreise ins Hinterland, durch die herb-schöne Sierra mit wehrhaften Burgdörfern; ein Abstecher gilt Teruel, der Hauptstadt orientalischer Ornamentik.

Tour 3

¡Vamos a la playa!

Seite 69

Sand, Sonne und Spaß an der Küste; zur Abwechslung stille Altstädte, Geschichte und unerwartete Gegensätze ein wenig abseits der Amüsiermeilen am Meer.

Tour 4

Durch Huerta und Sierra

Seite 84

Eine Fahrt durch drei Landschaften, typisch spanisch und doch ganz verschieden: blühende Gärten, Castillos und schroffe Felsen sowie die grandiose Monotonie kastilischer Hochflächen.

Tour 5

Quer durch die »andere« Levante

Seite 92

Kaum bekanntes Grenzland zwischen València und Andalusien – Oasen am Río Segura, ländliche Idyllen bei Moratalla und Caravaca, sonnenverwöhnte Strände an zwei Meeren.

Steinernes Wahrzeichen der Costa Blanca: der Penyal d'Ifac

Bildnachweis

creativ collection, Freiburg:8/9 (Fond); Ralf Freyer: 10/11 (Fond); Elisabeth Galikowski: 6/7 (Fond); laif/ Zenit/ Jörgensen: 8; Robert Möginger: 2-1, 2-2, 22, 33, 65-1, 65-2, 67, 68, 69; Beatrix Müller: 89-1; PhotoPress/ Hardtke: 27; PhotoPress/ Master: 56; Rockhaus Salzburg: 9; Martin Rosefeldt: 1, 5, 15-1, 15-2, 16, 17-1, 21, 24-1, 24-2, 25, 29, 36-1, 39, 43, 44, 46, 48, 50, 51, 70, 71, 73, 81, 85, 87-1, 93, 94, 95, 96, 97, 98, Umschlagrückseite (oben u. unten); Jutta Schütz: 17-2, 77, 78, 89-2; Klaus Thiele: 7, 10, 11, 36-2, 52, 55, 58, 75; via/ Andreas M. Gross: 6; via/ Trudie Trox: 62, 87-2; Titelbild: Bildagentur Huber/ R. Schmid

Andar de Paella

... sagen Valencianos, wenn sie ihr Nationalgericht essen gehen. Und richtig Paella zu speisen, ist nicht nur eine Angelegenheit für Feiertage und Familienausflüge, sondern auch eine Wissenschaft für sich. So schwören Paella-Puristen hoch und heilig, dass die berühmte Reispfanne sowieso nur mit valencianischem Wasser wirklich gelingen könne. Ganz wichtig ist auch das Olivenöl – gerade das beste ist gut genug, aber richtig dosiert, bitteschön. Zubereitet wird die authentische Paella über offenem Holzfeuer, anfangs bei großer, dann bei mäßiger Hitze, damit sich die beliebte braune Kruste *(socarrat)* bildet.

Fisch, Fleisch oder Gemüse?

Landarbeiter, die sich ihr Mittagessen auf dem Feld zubereiteten, kreierten die Ur-Paella, die als **Paella Valenciana** überliefert ist. Um dem blanken Reis mehr Geschmack zu verleihen, garten sie ihn zusammen mit Bohnen, Tomaten, Knoblauch und Schnecken. Für die Sonntagsausführung kamen Kaninchen- oder Hühnerfleisch hinzu.

- **Paella Marinera:** Inzwischen die beliebteste Variante, vor allem in den Ferienorten am Meer. Bevor der Reis in Fischsud gegart wird, kommen nacheinander Gambas, Kaisergranat oder Langostinos, Tintenfischringe, Miesmuscheln oder Venusmuscheln in die Pfanne.
- **Paella Jardinera:** Die Version für Vegetarier, meist mit Auberginen, Paprikaschoten, Artischocken, Mangold und grünen Bohnen.
- **Paella Mixta:** Gewiss nichts für Anhänger der Trennkost. Fisch, Meeresfrüchte, Fleisch und Gemüse je nach Saison und persönlichem Gusto.
- **Fideuà:** Statt Reis nimmt man *fideos,* kurze Nudeln. Die Spezialität aus der Gegend um Gandía wird meist recht opulent mit Fischfilets und Meeresfrüchten kredenzt.

Auf Paella spezialisierte Restaurants

Paella isst man in Spanien vorzugsweise in fröhlicher Runde. Zu Hause wird das fertige Gericht mitten auf den Tisch gestellt, und jeder bedient sich selbst mit dem traditionellen Holzlöffel. In gehobenen Restaurants verteilt der Ober Reis und Beilagen auf die Teller der Gäste. Zur Meeresfrüchte-Paella passt am besten ein kühler weißer Rioja oder ein kräftiger weißer Jumilla. Zu Fleisch- und Gemüse-Paella empfiehlt sich ein roter Landwein aus Utiel-Requena oder auch ein frisch gezapftes Bier.

- **Casa Roberto,** Maestro Gozalbo, 19, València, Tel. 963 95 13 61. Einer der Klassiker in Sachen Reispfanne, auch wenn die Dekoration Geschmackssache ist. ❍❍
- **L'Ham,** Germans Benlliure, 20, Gandía (El Grau), Tel. 962 84 60 06. Fangfrischer Fisch, Meeresfrüchte und vor allen Dingen eine *fideuà,* wie sie sein soll. ❍❍
- **La Maestra,** Valdés, 10, Alicante, Tel. 965 20 60 57. Ausgezeichnete *arroces,* also verschiedene Paella-Varianten, gemütliches Ambiente. ❍❍
- **El Raset,** Bellavista, 7, Denia, Tel. 965 78 50 40. Schönes Lokal mit Terrasse am Hafen, feinste Meeresfrüchte-Paella und andere Fisch- und Reisgerichte. Gehobenes Niveau. ❍❍
- **El Mosqui,** Subida al Faro, 50, Cabo de Palos (bei La Manga, Murcia), Tel. 968 56 45 63. Kurioses Lokal in Form eines gestrandeten Schiffes. Einfache Regionalküche; Spezialiät: Caldero, die magenfüllende murcianische Version der Fisch-Paella. ❍

Zubehör und Zutaten

Paellera: Die flache Pfanne aus Gusseisen oder Stahl (Durchmesser ab 30 cm aufwärts) wird nach jedem Gebrauch mit Olivenöl eingerieben, damit sie keinen Rost ansetzt.

Safran: Wie so vieles verdanken die Valencianer auch den Safran (*az-zafaram* = gelb) den Arabern. Die fadenförmigen Blütennarben der Lilienart werden von Hand geerntet und geröstet, bevor sie in den Handel kommen. Ein bis zwei Gramm reichen bereits aus, um einer Pfanne Paella die charakteristische goldgelbe Farbe und das unverwechselbare Aroma zu verleihen.

Reis: Auch den Reis brachten die Araber an die spanische Levanteküste. Heute werden vor allem japanische mittelkörnige Sorten angebaut, die beim Kochen am besten Flüssigkeit absorbieren. Klassische Anbaugebiete sind die Lagune Albufera südlich von València sowie am Río Segura bei Calasparra (Murcia).

Tipp Rezepte, Adressen, Tipps und zusätzlich Links rund um València finden Sie unter www.lapaella.net – eine appetitlich aufgemachte Internet-Seite.

Grooven, was das Zeug hält

Vor allem im Sommer ist die Costa Blanca von Castelló bis hinunter zum Mar Menor ein ideales Revier für Nachtlichter, Raver und Tanzwütige. Aber auch außerhalb der Saison bieten zahllose Clubs, Open-Air-Discotecas und Pubs Entertainment bis zum Sonnenaufgang – nur, dass sich in der kühleren Jahreszeit die Szene von den Stränden in die Städte verlegt. »In« ist alles, was Spaß macht und gut tanzbar ist, von House, Trance, Acid Jazz über Techno und Flamenco-Fusion. Besonders beliebt: Salsa, Merengue, Son, Rumba und Afro-Pop.

Club-Knigge

Eintritt: Die meisten Diskos verlangen zwischen 5 und 20 €; in der Regel ist das erste Getränk im Preis inbegriffen.
Dresscode: Je angesagter der Club, desto heikler der Türsteher: Turnschuhe und geflickte Jeans sind nicht »ok«, mit Badeschlappen und Shorts versucht man es besser erst gar nicht.
Zeiten: Am meisten los ist von Donnerstag bis Samstag, und vor Mitternacht trauen sich höchstens Touristen auf die Piste.
Angesagte Drinks: Cubata (auch Cuba libre): Brauner Rum mit Cola und Zitrone; Gin tonic (auch: Ginebra tonic); Mojito: Weißer Rum mit Limette, Zucker und frischer Minze; Lumumba: Brauner Rum mit Schokomilch (im Winter auch warm serviert).

Tipp Das legendäre **Agua de València** besteht aus 1 Teil Cointreau, 2 Teilen frisch gepresstem Orangensaft und 4 Teilen Sekt. Geben Sie Cointreau und O-Saft in einen halb mit Eiswürfeln gefüllten Shaker. Gut mixen, in ein Glas gießen und mit Sekt auffüllen.

Pop Nacional

Julio Iglesias, die Gypsy Kings und Los del Río (»Macarena«) kennt auch anderswo in Europa jeder. Vielleicht nicht so prominent, aber mindestens genauso gut auf ihrem Gebiet sind viele andere Größen der spanischen Pop-Szene.

Flamenco-Fusion: Ketama, die Band um Antonio Carmona, verschmilzt seit Jahren äußerst erfolgreich Rhythmen aus Nord- und Schwarzafrika mit Flamenco, Jazz- und Rockelementen. Ebenfalls ein Klassiker der Fusion-Welle: **Pata Negra**. Eine ganz neue Art Fusion schuf **Manu Chao** mit seinen letzten beiden Hit-Alben, auf denen er mit einer überaus tanzbaren Mischung aus Salsa, Flamenco, Samba, Reggae und Rai seine persönliche Sichtweise der Globalisierung vorträgt.

Veteranen der Movida: Die Gegenreaktion auf die bleierne Zeit unter Diktator Franco eroberte als La Movida (»Bewegung«) von Madrid aus ganz Spanien. Gefragt war alles, was provokant, frivol und schräg klang. Bis heute sehr erfolgreich ist das Trio **Mecano** mit seinen unterkühlten, melodiösen Pop-Miniaturen.

Dancefloor: Ohne Latin, Hip-Hop und vor allem Techno, der in Spanien »Stockfisch« (bacalao) heißt, geht gar nichts in den großen Disko-Palästen der Ferienzentren. An Wochenenden werden häufig DJs aus Madrid, Ibiza oder auch Berlin und London eingeflogen.

CD-Einspielungen

- **Ketama:** »Konfusión« (1998), »Toma Ketama!« (2000);
- **Pata Negra:** »Best of« (1998);
- **Manu Chao:** »Clandestino« (1998), »Proxima Estación: Esperanza« (2001);
- **Mecano:** »Ana, José, Nacho« (1999);
- **Dancefloor:** Cultura de Club« (2001), »The Latin House Sessions« (2001), José Padillas Serie »Café del Mar« (Folgen 1–8).

Clubs und Diskos

Bounty, Av. Pinares, 24–26, El Saler. Einer von vielen Tanzpalästen am Hausstrand von València. Junges Publikum, viel Techno, House und ausgelassene Stimmung.

The Face, Camino Montañares, 141, Pinedo. In-Club vor den Toren Valèncias.

Hook, Polígono de Casa Grande s/n, Torrevella. Einer der nächtlichen Treffpunkte der südlichen Costa Blanca.

Imperial, Ctra. de Xàbia, s/n, Denia. Große Disko mit Stil und mediterranem Flair, schöner Freiluftbereich.

KM, Pachá, Penelopé, Av. Comunitat Valencià (auch: Antigua N-332), Benidorm: Gleich drei Mega-Diskos in unmittelbarer Nachbarschaft; viel Show- und Animierprogramm.

Tuareg Gore, Ctra. de Circunvalación s/n, Águilas. Stilvolles Musik-Pub im Ethno-Look.

Tipp **Chill-Out-Tipp:** Wer in die Nähe von Murcia kommt, sollte sich das **Studio** (Puente Tocinos s/n) nicht entgehen lassen. Das Freiluftlokal setzt auf tropisch-kitschige Dekoration; es empfiehlt sich weniger zum Tanzen, denn zum entspannten Chill-Out.

Was unterscheidet eigentlich das Strandverhalten der Spanier von dem Touristen? Während der großen Hitze zwischen 13 und 16 Uhr ziehen sich die Einheimischen zur Siesta zurück; dafür genießen sie umso lieber die langen Abendstunden am Wasser. Äußerst populär sind die stadtnahen Strände, denn Spanier versorgen sich gern am nächsten »chiringuito«, der Strandbar, mit Eis, Getränken oder einer Zwischenmahlzeit. Nur die »naturistas«, die wachsende Gemeinde der FKK-Anhänger, sucht sich möglichst abgelegene Ecken zum Schwimmen und Sonnenbaden aus – aber auch davon gibt es an der Costa Blanca genug.

Ein Traum von einem Strand

Provinz Castelló

Cala del Ruso: Auf halbem Weg von Peníscola nach Alcossebre; man folgt der ungeteerten alten Küstenstraße in Richtung Torre de Badún, dann der Ausschilderung. Feinsandiger Strand, unter der Woche oft einsam, am Sonntag Ziel einheimischer Ausflügler. Keine Infrastruktur, kein Schatten.

Cala Blanca i Les Fonts: Am nördlichen Ortsrand der Urbanización Las Fuentes (bei Alcossebre). Kleine Badebucht, ruhig, FKK möglich.

Platja de Orpesa: Wunderschöner Stadtstrand an sichelförmiger Bucht, Bars, Restaurants und Geschäfte in Gehweite. Sonnenschirmverleih. Am Abschnitt Las Playetas auch offiziell FKK.

Hotel **Intur Bonaire,** Av. Gimeno Tomás, 3, Benicassim, Tel. 964 39 24 80, Fax 964 39 56 01, www.intur.com. Exzellent geführtes Viersterne-Haus, strandnah, mit schöner Poolterrasse, Jacuzzi, Sauna und Fitnessclub. ○○○

Provinz València

Platja de Malvarrosa: Weitläufiger Hausstrand der Valèncianos. Populär, familiär, laut und lustig vor allem am Wochenende. Gut mit öffentlichen Verkehrsmitteln erreichbar; viele Bars, Diskos und Paella-Restaurants.

Platja de Pinedo: 3 km südlich der Túria-Mündung, viel Platz zum Spazierengehen, Joggen, Nacktbaden (südlich des Restaurants Casa Negra).

Platja del Saler und **Platja de la Dehesa:** Weite Dünenlandschaft auf der Meerseite, das Naturschutzgebiet der Albufera auf der Landseite. Beliebt, aber nie total überlaufen.

La Cala de les Rotes: Von Dénia auf der Landstraße nach Les Rotes; am Ortsende nach dem letzten Parkplatz zu Fuß der Ausschilderung bergauf folgen; dann über eine Holztreppe zum kleinen Sandstrand hinunter.

Hotel **Oliva Nova Golf,** Urb. Oliva Nova, s/n, Tel. 962 85 33 00, Fax 962 85 51 08. Viersterne-Haus in den Naturdünen zwischen Denia und Oliva; 220 geräumige Mini-Suiten, Pool, Tennis und Golfplatz. ○○○

Provinz Alicante

▮ Hotel **El Rodat,** Cap de la Nau, s/n, Xàbia, Tel. 966 47 07 10, Fax 966 47 15 50, www.elrodat.com. Wunderschön zwischen Pinien gelegen, 1 km zum Wasser, famose Aussicht. ❍❍

Cap de la Nau: Südlich des Kaps bei Xàbia zahlreiche von Felsen eingerahmte Badebuchten, ideal auch zum Schnorcheln. An Wochenenden und im Hochsommer kann es etwas eng werden. Die schönsten Buchten: Cala de los Alemanes, Cala Blanca, Cala de l'Ambolo, Playa Torre l'Ambolo.
Playa de San Juan: 8 km von Alicante, per Bus (Linien 21/22) oder mit der Lokalbahn El Trenet erreichbar. Idealer Amüsierstrand für Alicantiner und Auswärtige, perfekte Infrastruktur, nach Sonnenuntergang nahtloser Einstieg ins Nachtleben.
Cala de la Barra: Auf der Landspitze Punta de Mascarat an der Straße Calp–Altea, ca. 1 km nach dem Tunnel in Richtung Jachthafen Luis Campomanes. Ruhig, FKK.
El Montíboli: Zu Füßen des gleichnamigen Luxushotels bei La Vila Joiosa. Ebenfalls sehr schön: Die sich südlich anschließende Platja del Paradis.
Platja de Guardamar: Hinter den Pinienwäldern an der Mündung des Segura ist besonders viel Platz. Oft etwas raue Brandung, gute Infrastruktur.

Provinz Murcia

Playa de los Nietos: Flacher Sandstrand bei Los Urrutias am Mar Menor; gut für Familien mit Kindern und für Windsurfanfänger.
La Manga del Mar Menor: Weite Sandstrände am Mittelmeer und am Mar Menor, mit allem Komfort ausgestattet. Nur die Hochhauskulisse ist Geschmackssache.
Playa de Callblanque: Auf ausgeschilderten Erdstraßen von der N-301 bei Cabo de Palos aus zu erreichen: Ein Strand und zahlreiche kleine Buchten in Naturschutzgebiet.
Cabo Cope: Rund um das Kap bei Águilas schöne Sandstrände und Felsenbuchten, z. B. Playa Calabardina und El Hornillo. Schön zum Schnorcheln und Tauchen.

▮ Hotel **Villas La Manga,** Gran Vía s/n, La Manga del Mar Menor, Tel. 968 14 52 22, Fax 968 14 53 23, www.villaslamanga.es. Ein echter Lichtblick unter den Betonburgen am Mar Menor: Helle, freundliche Innenräume, überschaubare Dimensionen, netter Service. ❍❍

Mehr als sol y playa

»Costa Blanca« – wer denkt dabei nicht zuerst an die zweifelhaften Segnungen des Massentourismus aus der Frühzeit des spanischen Ferienbooms? Zwar gibt es sie noch, jene schaurig-schönen Bettenburgen von Benidorm, die Bratwurstbuden und die Strandbäder, wo die Sonnenanbeter wie Sardinen in der Dose dicht an dicht liegen. Aber die Aufmerksamkeit von Reisenden und Tourismusplanern beschränkt sich längst nicht mehr ausschließlich auf die Amüsiermeilen entlang der Playas. Der Blick reicht heute weiter: Das südöstliche Spanien präsentiert sich selbstbewusst mit historisch gewachsenen Kulturlandschaften, abwechslungsreichen Naturräumen und markanten Städten jenseits von sol y playa. Die »Costa Blanca« – von Badeurlaubern lange Zeit als Synonym für den ganzen Landesteil betrachtet – ist nur noch eines von vielen Mosaikstückchen einer Region, die neu zu entdecken sich lohnt.

Lage und Landschaft

Der mediterrane Südosten der Iberischen Halbinsel, auch bekannt als »Spanische Levante«, umfasst das Gebiet zwischen dem Ebrodelta im Norden und Andalusien im Süden. Politisch ist dieser Landstrich den beiden Autonomen Regionen València und Murcia zuzuordnen. Unter die Bezeichnung **Costa Blanca** im engeren Sinn fällt nur der schmale Küstensaum von Dénia bis La Manga. Die klingenden Beinamen für weitere Küstenabschnitte haben sich vorwiegend unter Touristikprofis eingebürgert: **Costa del Azahar** (Vinaròs bis València), **Costa de València** (València bis Dénia) und **Costa Cálida** (bei Murcia).

Charakteristisch für die Bodengestalt der Küste in den nördlichen Provinzen sind ihre breiten Sandstrände, häufig von Dünen gesäumt. Die stellenweise weit in die Brandung hineinragenden Felsen wie der Penyal d'Ifac (bei Calp) sind viel fotografierte Wahrzeichen der Ferienorte.

Zwischen den Flussmündungen von Río Túria und Río Júcar liegt inmitten einer sumpfigen Ebene der Süßwassersee L'Albufera. Salzmarschen und Salinen unterbrechen die feinsandigen Strände südlich von Alicante, während die schmale Landzunge von La Manga (»Der Ärmel«) eine flache Lagune, El Mar Menor (»das kleinere Meer«), von der offenen See abtrennt. Ausläufer der Bergketten im Hinterland gliedern Murcias Küste in malerische Buchten und felsige Halbinseln. Handel, Fischerei und Tourismus machen den Küstenbereich zur bevölkerungsreichsten und politisch-sozialen Kernregion der Levante.

An die Küste schließt sich meist flaches, fruchtbares Schwemmland an, das sich teils weit ins Landesinnere fortsetzt. Diese so genannte *Huerta* (von lat. *hortus,* Garten) wird traditionell landwirtschaftlich genutzt. Die

wichtigsten Anbauflächen liegen rund um València sowie im Dreieck zwischen Murcia, Alicante und dem Mar Menor.

Das Bergland *(sierra),* 50 bis 100 km jenseits der Küsten, ist Teil zweier überregionaler Gebirgsketten: der Cordillera Ibérica im Nordwesten sowie der Cordillera Bética im Südosten. Die höchsten Gipfel sind Zweitausender, die im Winter gelegentlich sogar eingeschneit werden.

Bereits im Übergang zur kargen Hochebene *(meseta)* von Castilla-La Mancha bzw. Aragón liegen die Randprovinzen des Maestrazgo und des nordöstlichen Murcia. Die einsame und weite Sierra mit ihren beinahe vegetationslosen, sonnenverbrannten »Mondlandschaften« übt auf Besucher aus Mitteleuropa oft einen besonderen Reiz aus.

Klima und Reisezeit

Mandel- und Orangenbäume stehen längst in voller Blüte, während Mitteleuropa noch im Winterkleid steckt: Das Klima der Levante ist typisch mediterran und außergewöhnlich mild. Fast drei Viertel des Jahres dauert der warme bis heiße Sommer in der küstennahen Zone, wirklich kühl wird es lediglich in den Monaten Dezember bis Februar. Die Höchsttemperaturen liegen im August bei durchschnittlich knapp 30 °C, im Januar immerhin noch bei ca. 15 °C. Regen fällt allgemein nur sehr wenig (ca. 400 mm jährlich), meist konzentriert innerhalb weniger Monate (Oktober/November und März/April).

Nach starken Niederschlägen kann die ausgetrocknete Erde das Wasser oft kaum aufnehmen, sodass sich dann wahre Sturzfluten aus den Bergen entlang so genannter *ramblas* (»Trockenbetten«) ihren Weg zum Meer bahnen. Fast schon nordafrikanisch und wüstenartig muten einige Landstriche Murcias (z. B. das Tiefland von Abanilla) an, deren Böden jahrelang kein Regentropfen erreicht.

Von Juli bis September, wenn das Quecksilber auf Spitzenwerte von mehr als 40 °C ansteigt, liegt über dem Hinterland die **Calina,** ein diffuser Hitzenebel. Am Strand sorgt dagegen eine frische Meeresbrise für Kühlung. Wetterbestimmende Winde sind der trocken-heiße **Poniente** aus der Kastilischen Hochebene sowie der **Levante,** der feuchtwarme Luft aus dem Südosten mit sich führt.

Als Hochsaison mit verstärktem Verkehrsaufkommen gelten die Monate Juli bis September sowie die Karwoche *(Semana Santa).* An den Stränden herrscht dann Hochbetrieb, Urlaubshotels sind häufig ausgebucht, und das Preisniveau steigt kräftig.

Klima und Reisezeit

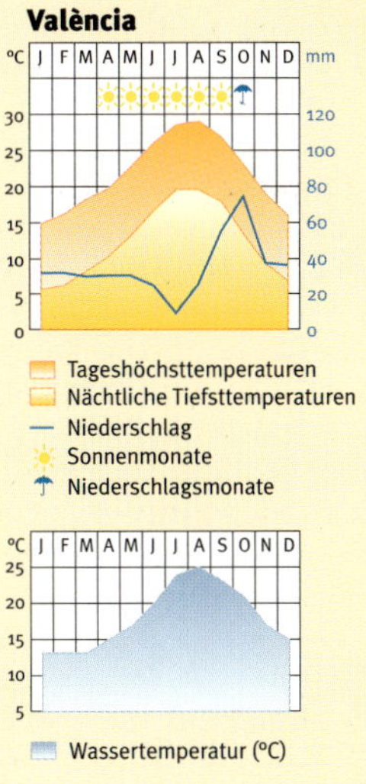

Wer nicht nur zum Baden nach Spanien kommt, sollte auf die klimatisch ohnehin angenehmere Nebensaison (März bis Juni, Oktober bis Dezember) ausweichen. Im Winter schließen viele Hotels ganz oder teilweise, um Renovierungsarbeiten durchzuführen.

Natur und Umwelt

Seit Jahrtausenden prägt der Mensch das Gesicht der Levante. An die Stelle ursprünglicher **Vegetation** traten fast überall jene Kulturpflanzen, die heute zum unverzichtbaren Inventar des mittelmeerischen Spanien zählen: Oliven-, Mandel- und Zitrusbäume auf weiten Feldern oder terrassenförmigen Parzellen; außerdem Aprikosen-, Pfirsich-, Johannisbrotbaum- und Feigenplantagen. Im Landesinneren, z. B. bei Requena und Jumilla, wird Weinbau betrieben, in den *Huertas* Gemüse gezüchtet (s. S. 17 f.). Typisch für die Äcker im Übergang zur Mancha sind Sonnenblumen und im Spätsommer der violett blühende Safran, aus dem der gelbe Farbstoff für das Nationalgericht Paella gewonnen wird.

Zwischen den Anbauflächen bleibt nur wenig Raum für Steineichen, Korkeichen oder Oleander. Fast überall gedeiht dagegen *matorral,* schütteres Buschwerk, durchsetzt von Feigenkakteen und Agaven. Vom einst dichten mediterranen Mischwald in den Hochlagen sind nur spärliche Reste übrig, wie z. B. in der Sierra Mariola oder im Norden Murcias. Neben verschiedenen Eichen- und Kiefernarten wachsen dort u. a. Erdbeerbäume, Ginster, Zwergpalmen und Thymian.

Die **Tierwelt** Spaniens unterscheidet sich nicht wesentlich von der Mitteleuropas. Häufig vertreten ist der

Kein Wasser, zu viel Feuer

Alle Jahre wieder: Entlang der spanischen Küste betet man jeden Sommer um Regen und verflucht gleichzeitig die katastrophalen Flächenbrände, denen regelmäßig weite Areale zum Opfer fallen. Im Land València verbrannten allein 1994 160 000 ha Kiefernwald. Der seit Jahren anhaltende extreme Wassermangel fördert die Versteppung zusätzlich. Auch im Sommer 2001 musste in den Ferienorten Xàbia und Dénia das Trinkwasser rationiert werden, und in Murcia saßen die Gemüsebauern auf dem Trockenen.

Dass zur *sequía,* der großen Trockenheit, auch die Veränderung des Weltklimas beiträgt, vermuten inzwischen viele. Umweltschützer kennen aber auch ganz konkrete Missstände, z. B. schlucken südspanische Golfplätze insgesamt jährlich so viel Wasser wie die Fünf-Millionen-Metropole Madrid.

Probleme bringen auch die seit den 1950er-Jahren in großem Stil angelegten Kiefernaufforstungen mit sich. Die billigen Nadelbäume wachsen schnell und verheißen der Holzwirtschaft hohe Erträge. Solche Monokulturen machen aber den Boden anfälliger für Erosion und Erdrutsche. Außerdem brennt das Harz der Kiefern wie Zunder, und im Gegensatz zum heimischen Laubwald treiben die Nadelbäume nach einem Feuer nicht wieder aus.

Sonnengereifte Orangen – Valèncias begehrtestes Exportgut

iberische Rothirsch, in den letzten Bergwäldern leben noch vereinzelt die aus Nordafrika stammende Ginsterkatze und andere kleinere Säuger wie Wiesel und Fuchs. Unter den Reptilien sind vor allem Mauergecko und verschiedene Eidechsenarten verbreitet, die in der Sonne bewegungslos auf Insektenbeute lauern. Vor giftigem Getier braucht man sich nirgends zu fürchten, denn die Stülpnasenotter, die einzige in diesem Raum vorkommende Giftschlangenart, meidet menschliche Gesellschaft.

Besonders entlang der Küste stößt man immer wieder auf eine artenreiche **Vogelwelt.** In der Albufera bei València sowie in den Salzmarschen der südlichen Costa Blanca nisten Reiher, Enten und Flamingos. Die beste Zeit für die Vogelbeobachtung ist zwischen März und Mai, wenn zahlreiche Durchzügler hier rasten. Über den kargen Hochebenen des Maestrazgo ziehen Raubvögel ihre Kreise, z. B. Steinadler, Habichte und Gänsegeier.

Dass das **Umweltbewusstsein** vieler Spanier geringer ist als ihre Freude am Familienausflug, lassen leichtfertig hinterlassene Müllberge an Picknick- und Badeplätzen vermuten. Erzabbau und Petrochemie schlugen der Landschaft bei Cartagena unübersehbare Wunden, Überfischung und Umweltgifte gefährden das submarine Leben. Auch der internationale Tourismus schädigt Flora und Fauna entlang der Küsten durch expandierende Hotelkomplexe und den für die Erschließung erforderlichen Straßenbau. Aufwändige Trabantenstädte für Badegäste *(urbanizaciones)* verschwenden kostbares Süßwasser. Einige Gebiete stehen als *parques naturales* unter Naturschutz, leiden aber weiterhin durch ihre Nähe zu Städten und Industriezonen.

Bevölkerung

Von den rund 40 Millionen Spaniern leben 5 Millionen in València und Murcia, die Hälfte davon allein in der Provinz um die Metropole València. Hoch ist der Grad der Verstädterung: 78 % dieser Bevölkerung bewohnen die urbanen Ballungsräume nahe der Küste. Das Phänomen der Landflucht hat Tradition in der Levante. Bereits Anfang des 20. Jhs., als die Mechanisierung der Agrarwirtschaft eine massenhafte Arbeitslosigkeit verursachte, begannen die Bauern an die Küste zu ziehen, wo Industrie und Tourismus noch immer Beschäftigung verheißen. Weil aber längst nicht alle Zuwanderer dort ihr Auskommen fanden, emigrierten in den 1950er- und 1960er-Jahren zahlreiche Bewohner des Landesinneren nach Katalonien, Frankreich oder Deutschland. Gleichzeitig ließen sich Arbeitssuchende aus Andalusien in València oder Murcia nieder, wo sie etwa in den Erzminen bei Cartagena ihren Lebensunterhalt verdienten.

Weiteren Zuwachs erfährt die Küstenzone gegenwärtig durch marokkanische Gastarbeiter sowie durch Pensionisten und andere »Teilzeitspanier« aus Nord- und Mitteleuropa, die ihren Wohnsitz ganz oder saisonweise in die Sonne des Südens verlegen.

Man spricht »valencià« – auch im Straßenverkehr!

Die rückläufige Geburtenrate entspricht dem gesamtspanischen Trend und liegt derzeit kaum höher als in Deutschland. Während an der Küste immerhin 20 % der Bevölkerung noch

Alicante oder Alacant?

Dass in Spanien nicht nur Spanisch (Kastilisch, *castellano*) gesprochen wird, ist spätestens seit der Olympiade 1992 in Barcelona weithin bekannt – die Katalanen nutzten das Sportereignis ausgiebig zur Selbstdarstellung. Zum katalanischen Sprachraum gehört auch das Land València; auf valencianischem Territorium gilt Katalanisch als Amtssprache. Umgangssprachlich wird die hiesige Mundart des Katalanischen auch als Valencianisch (*valencià*) bezeichnet.

Zwar werden spanische Verkehrsschilder von Lokalpatrioten immer wieder mit Unabhängigkeitsparolen übermalt, und die meisten Museen beschränken sich bei der Beschriftung auf das Katalanische, aber im Alltag wird aus dem Sprachgebrauch keine Glaubensfrage. Im Gespräch mit Besuchern schalten Valencianer bereitwillig von der Regionalsprache auf »Hochspanisch« um, und für viele Straßen und Plätze gelten beide Schreibweisen als gleichwertig.

Die weiteste Verbreitung findet *valencià* in ländlichen Küstenbezirken zwischen Vinaròs im Norden und Torrevieja im Süden. In den Städten ist es heute eher selten zu hören, und im Bergland wird ohnehin schon immer Kastilisch parliert. Aufgrund dieser besonderen Sprachsituation heißt es daher einmal Playa (span., »Strand«), ein andermal offiziell Platja (katalan.), Río (span., »Fluss«) bzw. Riu (katalan.) und so fort. Man lasse sich davon nicht irritieren, ob *¡Bienvenido en Alicante!* oder *¡Benvingut en Alacant!* – gemeint ist in jedem Fall dasselbe: Gäste sind willkommen!

keine sechzehn Jahre alt sind, leben in manchen Dörfern im Hinterland beinahe nur noch Übersechzigjährige.

Von der Förderung des *Turismo de Interior*, des Tourismus abseits der Strände, versprechen sich heute die Regionalregierungen bessere Zukunftsperspektiven für die jüngere Generation.

Zwar ist Spanien ein katholisches Land, aber die offizielle Kirche verliert stetig Einfluss im täglichen Leben. Nur noch etwa 30 % aller Spanier bezeichnen sich als praktizierende Katholiken. Beim ausgelassenen Feiern religiös fundierter Feste – an denen in València und Murcia wahrlich kein Mangel herrscht – fehlt jedoch kaum jemand.

Der weit verbreitete Lokalpatriotismus der Spanier äußert sich in ihrem Hang zu subtilen bis derben Wortspielen sowie durch scherzhafte Verbalattacken auf Bewohner jeweils anderer Regionen oder Städte. *Antes marrano que murciano* (»Lieber ein Schwein als Murcianer sein«) und *Toledano, tonto y vano* (»Toledaner, blöd und eitel«) sind Beispiele für solche Sprüche, die mehr von Reim und Klang als vom Inhalt leben. Als typische Eigenschaften werden dem *Valenciano* Weltoffenheit, Sinnenfreude aber auch Rechthaberei und krämer-

Festtagsstimmung in Alicante

hafte Kleinlichkeit unterstellt; beide Aspekte hängen angeblich mit der langen Handelstradition der Küstenbewohner zusammen. Eher bäuerlich-provinzielle Attribute wie Fleiß, Zähigkeit und Realitätssinn ordnet man dem *Murciano* gerne zu – allzu ernst betreibt das Spiel mit dem Klischee freilich niemand.

Wirtschaft

Fast alle spanischen Kühltransporter, denen man auf internationalen Fernstraßen begegnet, tragen die Kennzeichen VA oder MU; das ist kein Zufall, denn die Huertas von Murcia und València sind Europas ergiebigste Obst- und Gemüsegärten. Nach wie vor hängt jeder zehnte Arbeitsplatz vom landwirtschaftlichen Export ab. Mit teilweise noch arabischen Bewässerungstechniken (s. S. 18, »Geniale Wüstensöhne«) nutzen die Bauern jeden Tropfen Wasser im fruchtbaren Schwemmland. Von jährlich 5 Mio. Tonnen Orangen und Zitronen aus Spanien reifen fast 4 Mio. in der Levante. Auch Tomaten, Paprika, Artischocken, Auberginen, Granatäpfel, Melonen, Reis, Weizen und andere Agrarprodukte können dank Bewässerung und idealem Klima dreimal oder öfter im Jahr geerntet werden.

Seit dem EU-Beitritt Spaniens hat die Industrialisierung der Landwirtschaft stark zugenommen. Die meisten Anbauflächen in der Levante waren traditionell auf Selbstversorgung ausgerichtet und sind zu klein, um effizient zu produzieren. Daher weichen die alten Bauernhäuser *(barracas)* immer häufiger modernen Zweckbauten und Treibhäusern, in denen profitables Frühgemüse für den Export gezogen wird. Als Folge der anhaltenden Dürre und des ansteigenden Wasserbedarfs der Großplantagen muss man speziell in Murcia auf Trockenkulturen mit Oliven- und Mandelbäumen oder Wein umstellen.

Auch die Industrie spielt in der Levante heutzutage eine tragende Rolle. València gilt nach Barcelona als zweitgrößter Standort für Automobil- und Maschinenbau am Mittelmeer. Textilfabriken sind bei Alcoi heimisch, Schuhe und Lederwaren werden u. a. in Elx gefertigt. Fischerei und Fischverarbeitung verlieren dagegen an Bedeutung. Auf maurische Vorbilder geht die kunsthandwerkliche Herstellung von Keramik, Email und Glas zurück; mit farbigen Ornamenten bemalte Tonfliesen *(azulejos* von arab. *az-zulaych),* Kannen und Töpfe sind gern gekaufte Souvenirs aus València.

Über Bodenschätze (Kupfer, Zinn, Blei, Silber) verfügt die Sierra de Cartagena. Mangels Rentabilität mussten die letzten Minen bei La Unión jedoch 1991 schließen. Die Arbeitslosenrate in Murcia und València liegt mit 13,5 % etwas unter dem spanischen Durchschnitt, wobei besonders Jugendliche betroffen sind.

Der herausragende wirtschaftliche Impulsgeber in Murcia und València ist der Tourismus. 2001 besuchten 49,6 Mio. Urlauber Spanien, davon ca. 6 Mio. die Levanteküste. Daneben ver-

Geniale Wüstensöhne

Ihren agrarischen Reichtum verdanken València und Murcia wesentlich maurischen Invasoren, die zwischen dem 8. und dem 11. Jh. zahlreiche Kulturpflanzen auf der Iberischen Halbinsel einführten. Viele Pflanzennamen erinnern daran: Reis (span. *arroz,* von arab. *arruzz*), Orange *(naranja,* von *nârandj)* oder Aprikose *(albaricoque,* von *al-barqûq)*. Die Araber legten auch den Grundstock für die riesigen Dattelpalmenhaine von Elx und Orihuela; selbst der rund ums Mittelmeer überall anzutreffende Olivenbaum zählt zu den Importgewächsen aus dem Vorderen Orient. Als Geniestreich der islamischen Dürreexperten gilt die Perfektionierung der Wasserwirtschaft, die zuvor von den Römern begründet worden war. Über ein kompliziertes System von Schleusen und künstlichen Kanälen *(vegas)* fluteten arabische Bauern ihre Felder exakt dosiert mit Fluss- oder Brunnenwasser. Wo das natürliche Gefälle nicht ausreichte, hoben mit Maultieren betriebene Schöpfräder *(norias)* das kostbare Nass auf das gewünschte Niveau.

Einen Eindruck von den traditionellen Anbaumethoden vermittelt heute das Museo de la Huerta in Alcantarilla (s. S. 50). Zwar verrichten längst Motorpumpen die Arbeit der Mulis, und die alten *vegas* wurden ausbetoniert, aber verbessern lässt sich bis heute nicht viel am maurischen Prinzip.

bringen viele einheimische Sommerfrischler *(veraneadores)* die heißen Monate in ihren Ferienwohnungen am Meer. Etwa 45 % der Erwerbstätigen finden in Dienstleistung und Tourismus Beschäftigung. Die negativen Folgen des Baubooms sind stellenweise nicht zu übersehen. Seit in den 1980er-Jahren Überkapazitäten in der Hotellerie Pleiten nach sich zogen, versuchen die Verantwortlichen der Branche gegenzusteuern: Nicht mehr nur die im Sommer gefragten Urlaubsorte an den Stränden, sondern auch das Landesinnere soll von den Besuchern profitieren, und zwar möglichst während des ganzen Jahres.

Politik und Verwaltung

Seit dem Ende der Franco-Diktatur mit dem Tod des Caudillo im Jahre 1975 hat sich der reaktionäre Zentralstaat zum pluralistischen Verbund historisch gewachsener Regionen gewandelt. València und Murcia sind heute zwei von insgesamt 17 Autonomen Regionen. Unabhängig von Madrid entscheiden ihre Parlamente über Fragen der Kultur, der Erziehung und des Tourismus.

Verwaltungstechnisch ist Spanien in 50 Provinzen unterteilt. Während im Fall Murcia Autonome Region und Provinz identisch sind, gliedert sich die **Comunitat Valenciana** in drei Provinzen: Castelló, València und Alacant. Die Provinzräte werden von den Gemeinden *(municipios)* gewählt und entsenden zusammen mit den Regionalparlamenten Vertreter in den Senat der Madrider Nationalversammlung *(Cortes Generales)*. Die zweite Kammer der Cortes besteht aus den vom Volk direkt gewählten Abgeordneten.

Die von 1982 bis 1996 dominierende politische Kraft Spaniens war der PSOE *(Partido Socialista Obrero Español)* unter Ministerpräsident Felipe González. Die Sozialisten führten das Sozialsystem mit Arbeitslosenhilfe, Rente sowie Krankenversicherung ein; sie bauten Autobahnen, förderten Frauenrechte und befreiten die Gesetzgebung von rückständigen Moralbegriffen; am Ende ihrer Regierungszeit aber häuften sich die Skandale.

Seit 1996 regiert auf nationaler Ebene der konservative PP *(Partido Popular)* unter Ministerpräsident José María Aznar, der in Ostspanien traditionell viele Anhänger hat. Bei den Parlamentswahlen 2000 gewann Aznar sogar die absolute Mehrheit – mit kräftigem Zuspruch auch aus València und Murcia.

Steckbrief

- **Fläche:** Land València 23 305 km², Land Murcia 11 317 km². Spanien gesamt: 504 782 km².
- **Küstenlinie:** Das Land València hat 485 km, das Land Murcia 176 km Küste.
- **Höchste Erhebungen:** Pico Revolcadores 2027 m (Murcia) und Penyagolosa 1813 m (València).
- **Einwohner:** 3,9 Mio. (Comunitat Valenciana), 1,1 Mio. (Comunidad Murcia). Höchste Dichte: 2050 Einw./km² (Stadt València). Geringste Dichte: 14 Einw./km² (Maestrazgo).
- **Unterkünfte:** 919 Hotels, 3 Paradores, 139 Campingplätze im Land València; 193 Hotels, 16 Campingplätze, 1 Parador im Land Murcia.
- **Flughäfen:** 3 (València, Alicante, Murcia).

Geschichte im Überblick

Frühzeit Bereits um 20 000 v. Chr. siedeln Menschen am spanischen Mittelmeer. Zahlreiche Höhlenmalereien aus dieser Zeit sind z. B. im Maestrazgo erhalten. Aus Nordafrika wandern ab 4000 v. Chr. die Iberer ein, eine mit den Berbern verwandte Volksgruppe. Auf der Suche nach Metallvorkommen gründen Phönizier 2000 v. Chr. Niederlassungen bei Orihuela, ihnen folgen im 7. Jh. v. Chr. griechische Händler. Ihre Stützpunkte waren u. a. die heutigen Städte Sagunt, Benidorm und Alicante.
Ab 250 v. Chr. Karthagische Heere unter Hasdrubal erobern weite Teile Spaniens.
219 v. Chr. Hannibal belagert das mit Rom verbündete Sagunt und löst den Zweiten Punischen Krieg aus.
200 v. Chr.–14 n. Chr. Rom besiegt die Karthager, kolonisiert und romanisiert ganz Spanien. Zu den römischen Stadtgründungen gehört València.
Ab 711 Das zuvor von Westgoten überrannte römische Hispania wird nun fast gänzlich von arabischen Heeren aus Nordafrika besetzt.
8.–11. Jh. Die religiös toleranten Mauren verhelfen der Halbinsel zu einer enormen Kulturblüte. Die christliche Rückeroberung *(reconquista)* zersplittert das Kalifat in isolierte Fürstentümer.
1094 El Cid erobert València.
1238 Jaume I von Aragón nimmt València und Murcia in Besitz, València erhält als eigenes Königreich Autonomierechte.
1266 Murcia fällt unter Alfonso X an Kastilien.
1492 Die Mauren verlassen Granada, ihre letzte Bastion. Die Ehe zwischen Ferdinand II., Erbprinz von Aragón, und Isabella I. von Kastilien (die »Katholischen Könige«) vereinigt beide Reiche. Juden und konvertierte Mauren *(moriscos)* werden verfolgt.
15. Jh. Wirtschaftliche Blüte des Königreichs València, u. a. durch Manufakturen und Seidenhandel.
1519–1523 Der Aufstand valencianischer Zünfte gegen Inquisition und Adel wird blutig niedergeschlagen.
1609 Felipe III lässt 500 000 noch in Südspanien und València lebende Mauren vertreiben.
1713 Im Spanischen Erbfolgekrieg setzt sich der Bourbone Philippe d'Anjou gegen die Österreicher durch. València wird dem kastilischen Königreich angegliedert.
1833–1839 »Karlistenkriege«: Im Machtkampf um die Nachfolge von Fernando VII steht València auf der Seite des Don Carlos.
1873 Proklamierung der Ersten Republik; Aufstände in Cartagena.
1923 Militärputsch durch General Miguel Primo de Rivera, Diktatur.
1936–1939 Der Spanische Bürgerkrieg verheert das Land und fordert 1,2 Mio. Menschenleben. València ist Sitz der Volksfrontregierung.
1939–1975 Diktatur Francos.
1975 Franco stirbt, Spanien wird parlamentarische Monarchie mit König Juan Carlos I an der Spitze.
1982 València und Murcia erhalten das Autonomiestatut.
2000 Wiederwahl des Regierungschefs José María Aznar (PP).
2001 In València eröffnet das hochmoderne Museu Príncipe Felipe.

Kultur gestern und heute

Bildende Kunst und Architektur

Schon in der Steinzeit entstanden zahlreiche expressive **Höhlenmalereien** und Felszeichnungen, z. B. bei Ares del Maestre. Aus der **keltiberischen Ära** sind Kunstwerke mit unübersehbar keltischen und griechischen Einflüssen bekannt. Als berühmtestes Beispiel dieser Kultur gilt die Büste der »Dame von Elx« (ca. 475 v. Chr.; s. S. 89). Auch römische Besatzer hinterließen Spuren: So gehen u. a. das Amphitheater von Sagunt und Säulenreste in der Altstadt Cartagenas auf jene Epoche zurück.

Vom 12. bis zum 15. Jh. prägten die Araber nicht nur Geistes- und Wirtschaftsleben nachhaltig, islamische Ornamentik wurde zu einem prägenden Bestandteil spanischer Kunst. Maurische Architekten vermischten orientalische Elemente mit französischer Romanik und Gotik. Typisch für den so genannten **Mudéjarstil** sind reich verzierte Innenhöfe, hufeisenförmige Bögen, Gewölbe und Gebälk mit umlaufenden Zickzack- oder Blumenarabesken sowie die bunten Dachziegel auf Kuppeln und Türmen. An der Levante fallen viele Sakralbauten mit solchen Merkmalen auf, besondere Glanzstücke schmücken die Altstadt im aragonesischen Teruel (s. S. 66 ff.).

Während der christlichen Reconquista (13. und 14. Jh.) setzte sich die französische **Gotik** durch. Ihre himmelstrebenden Monumentalbauten sollten die Überlegenheit des siegreichen Glaubens untermauern. Kirchen in València (Kathedrale, San Martín),

Rote Ziegel, bunte Kacheln: Mudéjarkunst in Teruel

Xàtiva (San Felipe) oder Orihuela (Santiago) zeigen diese Intention noch heute deutlich.

Später orientierten sich Künstler und Baumeister stark an Italien, angezogen von der Geisteshaltung des Humanismus und den antiken Formen. Das Zentrum dieser spanischen **Renaissance** war im 15. und 16. Jh. València, das schon infolge internationaler Handelsverbindungen Kontakte zu Florenz oder Neapel pflegte.

Wegen ihrer Neigung zu Religiosität und verspieltem Dekor gilt die spanische Renaissance vielfach bereits als Barockvorstufe. Man begegnet dieser Stilrichtung in der Levante bis heute auf Schritt und Tritt. Beispiele sind etwa der Glockenturm von Santa Caterina (València), in Alicante das Rathaus; Murcias Kathedrale oder die Burgkapelle von Caravaca de la Cruz. Charakteristisch sind üppig verzierte Fassaden, die mit geschraubten Säulen und Marmorgirlanden oft wie Theaterkulissen wirken.

Im 18. Jh. trieben manche Künstler ihre Dekorfantasien auf beinahe bizarre Spitzen (z. B. bei der Rokokofassade des Palau del Marquès de Dos Aigües, València). Nach seinem kastilischen Meister José Benito Churriguera (1665–1725) heißt derartiger Ultrabarock **Churriguerismus.** Typisch für die Epoche sind u. a. die überaus realistischen Szenen des Bildhauers Francisco Salzillo (1707–1783) aus Murcia.

Die »Schule von València« verkörperten die Maler Francesc Ribalta (1565–1628) und dessen Schüler Josep de Ribera (1591–1652). Letzterer arbeitete als Lo Spagnoletto (»Der kleine Spanier«) in Italien, beeinflusste aber seine Landsleute (u. a. Zurbarán, Velázquez) enorm durch seine von Caravaggio inspirierte mystisch-visionäre Hell-Dunkel-Malerei (»Tenebroso-Stil«).

Der Aufbruch in die Moderne beginnt mit den **Impressionisten,** die aus der Künstlichkeit der Ateliers in die Natur flüchteten. Ihre bekanntesten Exponenten: Ignacio Pinazo (1849 bis 1916) und Joaquim Sorolla (1863 bis 1923), beide aus València, sowie Ramón Gaya (geb. 1910) aus Murcia. So variantenreich wie schon der spanische Barock präsentiert sich auch die hiesige Spielart des **Jugendstils.** Als Gegenentwurf zur strengen konservativ-klassizistischen Bauweise sollte der *modernisme* Banken, Wohnblöcke oder Bahnhöfe mit schwungvollen Linien und elegantem Dekor lebendiger und optisch gefälliger gestalten. Sein bekanntester Vertreter Antoni Gaudí (1852–1926) war vorwiegend in Barcelona tätig, ansehnliche Beispiele sind aber auch in Cartagena oder Teruel erhalten.

Im 20. Jh. steht die Kunst Ostspaniens vor allem unter dem Eindruck anderer großer Spanier wie Pablo Picasso, Joan Miró oder auch Salvador Dalí. Das Werk von Juli Gonzàlez (1876 bis 1942) bildet einen Schwerpunkt des

Barockes Seitenportal der Jakobskirche (Iglesia Santiago Apóstol) in Orihuela

Instituts Valencià d'Art Modern (s. S. 37). Der Katalane gilt nicht nur als bedeutender Metallbildhauer des **Kubismus** sondern auch des **Konstruktivismus.** Für seine kinetischen Objekte, die von Licht und Bewegung leben, wurde Eusebio Sempere aus Alicante (1924 bis 1985) auch außerhalb Spaniens bekannt. **Moderne Architektur** aus jüngster Zeit lässt sich in València an einem ehrgeizigen Kulturzentrum studieren: Das Milliardenprojekt des Stararchitekten Santiago Calatrava (geb. 1951) namens Ciutat de les Arts i de les Ciènces soll den Aufbruch ins dritte Millenium markieren (s. S. 40).

Musik

Der Titel »València«, komponiert von José Padilla (1889–1960), ist zweifellos eines der populärsten Musikstücke der Region: Noch immer begleitet der schneidige Ohrwurm im Marschrhythmus (der 1926 als deutscher Schlager zu Ehren kam) jede valencianische Fiesta. Solch volkstümliches Liedgut im $^2/_4$- oder $^6/_8$-Takt *(Paso Doble)* entstand vorwiegend im frühen 20. Jh. und gehört bis heute zum Repertoire zahlreicher Dorf- und Stadtteilkapellen *(bandas de música)*. Diese sorgen nicht nur bei Feiern für den richtigen Ton, sondern erfüllen oft zusätzlich die Funktion eines Heimatvereins oder Jugendklubs.

Flamenco-Melancholie in Reinkultur wird in La Unión beim **Festival del Cante de las Minas** (s. S. 99) zelebriert. Als klassischer Komponist genoss Joaquín Rodrigo aus Sagunt (1901–1999) ein weltweites Renommé. Sein »Concierto de Aranjuez« (1939) mit Elementen nationaler Folklore ist das bislang meistgespielte Orchesterwerk für Sologitarre.

Literatur

Unter den vielen Dichtern aus València und Murcia genießen vor allem zwei internationale Beachtung: Joanot Martorell aus Gandia (ca. 1415–1468) gilt mit seinem ironisch-vitalen Ritterepos »Tirant lo Blanch« (»Tirant der Weiße«; 1490) nicht nur als erster bedeutender Autor katalanischer Sprache, sondern auch als Wegbereiter des europäischen Romans. Echte Bestseller wurden die Werke von Vicente Blasco Ibáñez (geb. in València; 1867–1928) bereits zu dessen Lebzeiten. Der Jurist und erklärte Republikaner saß mehrfach wegen seines politischen Engagements im Gefängnis, lebte zeitweise im französischen Exil und war von 1904 bis 1907 Abgeordneter in den Cortes. Seine durch Zola beeinflussten realistischen Romane zeichnen sich durch Dynamik, Authentizität und viel valencianisches Lokalkolorit aus; ihr Grundton klingt tragisch-pessimistisch, nach der Devise: »Das Leben ist Lebenskampf, und der Kampf ist sinnlos.« Auf Deutsch erschienen u. a. »Cañas y Barro« (1902; »Sumpffieber«, Rowohlt 1989) und »Sangre y Arena« (1908; »Blutige Arena«, Rowohlt 1988).

(Fast) kein Tag ohne Fiesta

Der kirchliche Jahreskreis einerseits und wichtige Stationen der persönlichen Biographie wie Taufe, Hochzeit und Begräbnis andererseits bieten gerne genutzte Anlässe zum Feiern. Neben mythischem Gehalt und purem Amüsement kommt dabei der soziale Aspekt nie zu kurz: Die ganze Bevölkerung eines Dorfes oder Viertels nimmt Anteil an der Vorbereitung und Durchführung, sodass das Gemeinschaftsgefühl gefördert wird.

Irgendwo ist fast immer Fiesta: Jeder Ort ehrt den Dorfheiligen oder seine besondere Marienfigur regelmäßig mit der **Fiesta patronal.** Wallfahrten haben in Murcia eine lange Tradition. Die **Semana Santa** (Karwoche) begeht man mit feierlichen Prozessionen, von denen diejenigen in Murcia am spektakulärsten wirken.

Moros y Cristianos heißen die farbenprächtigen Umzüge (z. B. in Alcoi) im Gedenken an die Reconquista, wobei Laienschauspieler historische Gefechte nachstellen. Wie absurdes Theater erscheint dagegen das turbulente **Begräbnis der Sardine** *(Entierro de la Sardina)* beim Frühlingsfest in Murcia. Die blutigste Form der Fiesta, der **Stierkampf** *(corrida de toro)*, findet allen Protesten von Tierschützern zum Trotz in allen Regionen Spaniens regen Zulauf. Mehrtägige Happenings voller Lebensfreude, Feuer und ohrenbetäubender Pyrotechnik sind schließlich die **Fogueres** in Alicante und die berühmten **Fallas** von València (s. S. 38, »Pappmaschee ...«).

Respekt vor Uniformen? Nicht während der Fallas von València!

Valencianische Feuerwerker zählen zu den Besten ihres Fachs

Festekalender

Da manche Feste variable Daten haben, ist es ratsam, sich in den Fremdenverkehrsbüros vorab nach den genauen Terminen zu erkundigen.

- **Februar/März:** **Karneval** in Águilas und Cartagena.
- **März:** 12.–19. **Fallas** von València (St.-Josephs-Feuer). Feuerwerk, Umzüge und Verbrennen von Pappmascheefiguren.
- **Karwoche:** **Karfreitagsprozessionen,** besonders prächtig in Murcia, Lorca und Cartagena. Eine Woche danach: **Frühlingsfest** in Murcia und **»Begräbnis der Sardine«.**
- **April:** 22.–25. **Moros y Cristianos** in Alcoi, mit Kostümparaden, Feuerwerk und Scheingefechten zwischen »Arabern und Christen«.
- **Mai:** 1. Woche **Fiesta de la Vera Cruz** in Caravaca (Murcia), Lauf der geschmückten *Caballos del Vino* (»Weinpferde«) auf den Burgberg.
- **Juni:** 17.–24. **Fogueres de Sant Joan** (Johannisfest) in Alicante, ähnlich den Fallas.
- **Juli:** 2. Woche **Patronatsfest** in Dénia, mit Stiertreiben *(Bous a la Mar)*.
- **August:** 1.–15. Flamenco-Festival **Cante de las Minas** in La Unión (Murcia). 14./15. **Misteri d'Elx,** Himmelfahrt Mariens als religiöses Schauspiel, Elx. Am letzten Mittwoch des Monats **Tomatina** (Tomatenschlacht) in Buñol.
- **September:** 1.–17. **Herbstfest** in Murcia mit Folkloretreffen, Jazzfestival und *Romería de la Virgen de Fuensanta* (Wallfahrt).
- **Oktober:** 9. **Fiesta de San Dionis,** València. Gedenktag der Befreiung aus maurischer Herrschaft durch Jaume I.

Essen und Trinken

Die traditionelle Küche der Levante entspricht ganz der natürlichen Gliederung ihrer Landschaft in Küste, Huerta und Bergland. Basiszutaten sind Fisch und Meeresfrüchte, Reis und Gemüse, Fleisch und Geflügel. In der flachen gusseisernen Paellapfanne finden Produkte aus den verschiedenen Landesteilen zum valencianischen Nationalgericht zusammen: Muscheln, Langusten und Tintenfisch aus dem Meer; von den Feldern Erbsen, Bohnen, Reis; Wurst, Kaninchen-, Hühner- oder Schweinefleisch aus den Bergen. Allein auf das berühmte Reisgericht lässt sich die kulinarische Vielfalt Ostspaniens freilich nicht reduzieren, denn jede Stadt, jeder Landstrich bietet eigene Spezialitäten.

In der Provinz **Castelló,** speziell den Küstenorten Vinaròs und Peníscola, gelten Languste *(langostino),* Kaisergranat *(cigala)* und Garnele *(gamba)* als Leckerbissen. Die *zarzuela de mariscos* (wörtlich »Operette der Meeresfrüchte«) ist der typische, reichhaltige Krustentiereintopf. Besonders aromatisch schmeckt auch die Seeteufelsuppe *suquet de peix.* Im nahen Maestrazgo wird gerne Lammbraten *(cordero)* gereicht, oft mit Trüffeln oder auch als *tombet* mit Schnecken verfeinert.

In **València,** der Heimat der Paella, sind die Varianten der Reisgerichte ohne Zahl: *arròs a banda* (wörtlich: »Reis beiseite« – Reis, Fisch und Kartoffeln werden getrennt serviert), *arròs amb fesols i naps* (mit grünen Bohnen und Rüben) sowie *arròs negre* (mit Tintenfisch) sind nur einige davon. Aus Gandia kommt die Paella mit Nudeln anstatt Reis, *fideuà* genannt. El Palmar, von den Reisfeldern der Albufera umgeben, ist bekannt für hervorragende *arroces* und delikaten *all i pebre* (Aal in Pfeffersauce, über Eschenholz gegrillt). Die prominenteste Leckerei aus Alicante ist die Knoblauch-Öl-Sauce *all i oli,* z. B. zu Fisch oder Reisgerichten.

Valèncias Beitrag zur Weltküche

Frischer Fisch wie *dorada* (Goldbrasse) oder *mero* (Zackenbarsch) dominieren an der Küste den Speiseplan, im Landesinneren stehen die Eintöpfe obenan, z. B. der für Alcoi charakteristische *borretat* (aus geschmortem Fisch oder Fleisch). Als Nachtisch empfiehlt sich eine sonnengereifte Apfelsine, etwas Käse oder *turrón,* das Mandelnougat aus Xixona (s. S. 84). Probieren sollte man *orxata*

Wohin zum Essen?

Essen und trinken kann man überall: In der *bar,* dem bodenständigen *mesón* (wörtlich »großer Tisch«), der kneipenähnlichen *tasca,* in der auf Meeresgetier spezialisierten *marisquería* oder im *restaurante.* Zum Frühstück eignet sich jede *cafetería:* En passant nimmt man einen schnellen Milchkaffee *(café con leche)* oder Espresso *(café sólo)* mit einem Stück süßen Gebäcks zu sich.

(horchata) de chufas, die Erdmandelmilch. Die besten Rot- und Roséweine werden im Westen Valèncias bei Utiel und Requena gekeltert.

Die Küche **Murcias** genießt bei Spaniens Gourmets den besten Ruf. Besonders Vegetarier fühlen sich wie im Paradies: Auberginen, Saubohnen, Ackerbohnen, Fenchel, Mangold und viele andere Gemüsesorten versteht man hier fantasievoll zuzubereiten oder in Eintöpfen wie dem *pisto huertano* zu kombinieren. Auch Fleischesser kommen nicht zu kurz, z. B. bei gegrilltem Zicklein *(cabrito),* Rebhuhn *(perdiz)* und Kaninchen mit Knoblauch *(conejo con ajo).* Das Angebot an Wurstwaren umfasst Paprika-, Blut- und Hartwürste. *Pastel murciano,* eine Spezialität (Blätterteigtasche mit Fleisch-Gemüse-Füllung), ist ideal für den kleinen Hunger zwischendurch. Aus dem Mar Menor stammt *hueva de mújol* (Meeräschenrogen), der überaus populäre Fisch-Reis-Topf *caldero* wird mit verschiedenen Fischarten gekocht und mit *ali-oli* serviert. Die Winzer von Jumilla produzieren gehaltvolle Rot- und Weißweine.

Die mehrgängige Hauptmahlzeit ist das Mittagessen *(comida),* das nicht vor 14 Uhr auf den Tisch kommt. Für ein Glas Wein oder einen Imbiss *(merienda)* bleibt bis zum Abendessen (*cena;* 21–23 Uhr) immer Zeit. Wer so spät nicht mehr viel essen mag, kann aus einem reichhaltigen Angebot von Appetithappen *(tapas)* wählen.

Der Detektiv und seine Paella

Pepe Carvalho, Privatdetektiv in Barcelona – eine Figur des populären Autors Manuel Vázquez Montalbán – lässt keine Gelegenheit zum Tafeln aus, ob er nun bei Dénia den Verlockungen eines *arròs a banda* erliegt oder in Murcia für Auberginen in Bechamelsauce à la Rincón de Pepe (s. S. 49) zu jedem Umweg bereit ist. Das Motto des sinnesfrohen Kriminalisten, der am liebsten für sich selbst kocht, lautet »Trinken, um sich zu erinnern und essen, um zu vergessen«. Die hier kurz vorgestellte Paella Mar y Tierra ist angelehnt an Carvalhos Kochbuch »Die Leidenschaft des Schnüfflers«, (Rowohlt, 1992):

Man nehme (für 6 Personen): 750 g Reis, 1/2 Huhn, 1/2 Kaninchen, 250 g Schälrippchen, 250 g Kalamares, 12 Scampi oder auch Riesenkrabben, 1 Tomate, 2–3 ausgelöste Artischocken, 4 Knoblauchzehen, Petersilie, Safran, Salz, 1/10 l Öl.

Die Scampi scharf anbraten und aus dem Öl nehmen, dann die geviertelten Artischockenblätter im selben Öl garen und beiseite legen. Es folgen die Hühnerteile, das Kaninchen, das zerkleinerte Schweinefleisch und die in Ringe geschnittenen Kalamares. Tomate, Knoblauch und Petersilie im Mörser zerstoßen und eine Hälfte dieser picada in die Paellapfanne zum gegarten Fleisch geben. Mit 1,5 l siedendem Wasser aufgießen, Reis zufügen, 10 Min. kräftig kochen. Zuletzt mit Salz und Safran würzen, die restliche picada einrühren, mit Artischocken und Garnelen dekorieren und nochmals 10 Min. bei mäßiger Hitze garen. Kurz ziehen lassen, servieren.

Urlaub aktiv

Bergsteigen und Wandern

Mit dem Trend zum Ökotourismus nimmt die Zahl der Wanderwege in Spanien zu. Zwei Fernrouten *(senderos de gran recorrido),* mit GR-7 und GR-10 bezeichnet, durchlaufen das Land València, dazu mehrere Kurzstrecken (*pequeño recorrido,* PR). Die oft mangelhafte Markierung macht die Orientierung jedoch zur Glückssache.

!! Wer querfeldein wandert, sollte bedenken, dass er sich zumeist auf Privatgrund bewegt und überraschende Begegnungen, z. B. mit weidenden Stieren, immer möglich sind. Kreuzweise ausgelegte Holzplanken bedeuten »Weg nicht begehbar«.

Tipp Entlang der stillgelegten Bahnstrecke von Caravaca de la Cruz nach Baños de Mula (45 km) führt der Wanderweg **Vía Verde del Noroeste** durch das Hinterland Murcias; Tourist-Info in Caravaca (s. S. 94).

Für den Anfang empfehlen sich Touren in der Sierra Mariola (Naturpark Font Roja, s. S. 84), im Maestrazgo oder im nördlichen Murcia (Sierra de Espuña, Sierra de la Muela). Attraktive Tagesausflüge per pedes bieten sich auch bei Xàbia an, etwa auf den Gipfel des Montgó (753 m, insgesamt 5–6 Std. Gehzeit).

Unter dem Titel »Turismo de Interior« gibt die Agència Valenciana del Turisme (Adresse S. 100) mit einer Sammlung loser Schemakarten Anregungen, detaillierte Wanderkarten erhält man vor Ort im Buchhandel. Schwierige Touren oder Kletterpartien sollten nur mit einheimischen Bergführern unternommen werden.

Surfer und Wellenreiter finden gute Bedingungen an der Costa Blanca

K. J. Messemer, **Wanderparadies Costa Blanca,** erhältlich bei Costa Blanca Nachrichten, Apartado 125, 03720 Benissa.

Golf

In der Region València existieren immerhin 23 Golfplätze, in Murcia 5. Welche Klubs gegen eine »Green Fee« Gäste aufnehmen und was die Anlagen zu bieten haben, erfährt man aus der Broschüre »Golf« (beim Fremdenverkehrsamt erhältlich) oder auch über www.golfinspain.com.

Besonders reizvoll: die beiden in der Nähe von València gelegenen Anlagen **El Bosque Golf & Country Club,** ein Parkland-Kurs, sowie **Campo de Golf El Saler,** Typ schottischer Dünenplatz. In Murcia verfügt das noble **Hyatt Regency La Manga** gleich über drei 18-Loch-Plätze (s. S. 82).

Radfahren

Nicht erst seit dem fünften Tour-de-France-Sieg von Miguel Induraín sind die Spanier radsportverrückt. Rennräder, Mountainbikes und normale Drahtesel können in den meisten Ferienorten gemietet werden.

Surfen und Segeln

Praktisch alle Küstenorte verfügen über einen *Club Náutico* (meist mit angeschlossener Segelschule). Als regelrechte Rennstrecke für Windsurfer und Segler aller Klassen gelten die seichten und windsicheren Gewässer des Mar Menor.

i Auskünfte erteilen der **Puerto Deportivo »Mar Menor«,** Los Urrutias, (Tel./Fax 968 13 44 38) und **Manga-Surf,** Mar Menor (Tel. 968 14 53 31).

Tauchen

In puncto Unterwassersicht und Fischreichtum kann es das Mittelmeer zwar nicht mit der Karibik aufnehmen, einige interessante Tauchreviere gibt es dennoch: Vor allem Murcias Felsenküste am Cabo de Palos (mit vorgelagerten Islas Hormigas) oder bei Águilas (Isla del Fraile) eignet sich gut für den Unterwassersport. Vorsicht ist dabei geboten vor z. T. gefährlichen Strömungen. Informationen z. B. beim **Club Islas Hormigas** am Cabo de Palos (Tel./Fax 968 14 55 30) oder beim **Club de Buceo Estela** in Águilas (Tel. 968 44 81 44).

Blütenpracht entzückt die Wanderfreunde im Frühjahr

Spaß für Kinder

Wer mit Kindern in den Urlaub fährt, muss manchmal mehr bieten als »nur« Strand und Sightseeing. Alternativen in Form von gigantischen Wasserrutschen und Poollandschaften für die ganze Familie sind im Sommer die so genannten Aquaparks an der Costa Blanca:

- **Aquapark Torrevieja,** La Hoya Grande (Tel. 965 71 58 90).
- **Aqualandia Sierra Helada,** Benidorm (Tel. 965 86 40 06).
- **Oceanpark,** Playa San Juan, Alicante (Tel. 965 65 24 99).

Tageskarten kosten für Erwachsene zwischen 10 und 15 €, Kinder zahlen etwa die Hälfte. Die Aquaparks arbeiten übrigens umweltfreundlich mit geschlossenen Wasserkreisläufen.

Großwild, Reptilien- und Delphinshows kann man in exotischen Tierparks bestaunen:

- im **Safaripark Vergel** an der Ctra. València– Alicante (Ausfahrt Vergel-Pego; Tel. 965 75 02 85) und
- im **Río Safari** an der Ctra. Elx–Santa Pola (Tel. 966 63 82 88).

Der neueste Publikumsmagnet heißt **Terra Mítica** und liegt bei Benidorm. Der Themenpark zog 2001 bereits 2,3 Mio. Besucher an. In nachgebauten Schauplätzen antiker Geschichte wie dem römischen Circus Maximus, dem Labyrinth des Minotaurus oder den Cheops-Pyramiden taucht man in die historischen Hochkulturen ein (ab März tgl. 10–18 Uhr, im Sommer bis 22 Uhr. Tel. 902 02 02 20, www.terramiticapark.com).

Unterkunft

An Gästezimmern aller Kategorien herrscht in der Levante kein Mangel. Außerhalb der Hauptsaison sind viele Ferienhotels unterbelegt; viele Häuser in den klassischen Urlaubsorten schließen im Winter. Stilvolle Unterkünfte mit landestypischem Flair finden sich eher abseits der Strände, in historischen Altstädten und Dörfern. Unterkunftsverzeichnisse sind bei den Spanischen Fremdenverkehrsämtern (s. S. 100) erhältlich. Ratsam ist es, zu Ostern sowie von Juli bis Mitte September eine Unterkunft zu reservieren.

Hotels

In Spanien werden Hotels nach fünf Kategorien von einfach (*) bis luxuriös (*****) unterschieden, die Preise rangieren zwischen 25 und 200 € pro Doppelzimmer. Nicht zwangsläufig einfacher als Mittelklassehotels, aber meist kleiner und familiärer sind **hostales,** kategorisiert von * bis ***. Der Zusatz **residencia** bedeutet, dass Verpflegung nicht erhältlich ist. Die preisgünstigsten Unterkünfte nennen sich **fonda** (»F«), **pensión** (»P«) und **casa de huespedes** (»CH«). Die offiziellen Tarife (in der Regel ohne Frühstück) müssen in der Halle und im Zimmer aushängen.

Tipp **Paradores** sind staatliche Hotels in bevorzugter Lage, oft in historischen Gebäuden wie ehemaligen Klöstern oder Burgen. Die Paradores in der Levante (Benicarló, El Saler, Xàbia, Puerto Lumbreras, Teruel) sind allerdings von moderner Bauart.

Auskünfte und Reservierung über Ibero Hotels (Steinstraße 21, 40210 Düsseldorf, Tel. 02 11/8 64 15 20, Fax 32 89 05) oder www.parador.es.

Ferienwohnungen und Appartements

In den Touristengebieten stehen Ferienwohnungen und Appartements in großer Zahl zur Verfügung und werden über Reiseveranstalter vermittelt. Neben ansprechenden Anlagen entstanden fern gewachsener Ortskerne auch regelrechte Urlauberghettos in so genannten **urbanizaciones,** deren Infrastruktur häufig mangelhaft ist.

Ferien auf dem Land

Besonders im herb-schönen Hochland des Maestrazgo sowie in Murcias Nordosten stehen ehemalige, renovierte **Bauernhäuser** *(casas rurales)* hoch im Kurs. Interessenten wenden sich an:

i **Mancomunidad Turística del Maestrazgo** (Complejo Penyeta Roja, 12004 Castelló, Tel. 964 35 98 83, Fax 964 35 98 70) oder an die **Región de Murcia Turística S. A.** (C. Organistas, 1, 30004 Murcia, Tel. 968 21 91 11, Fax 968 21 91 78).

Jugendherbergen

Adressen spanischer Jugendherbergen *(albergues juveniles)* sind zu erfahren über:

i **Deutsches Jugendherbergswerk,** Bismarckstr. 8, 32756 Detmold, Tel. 0 52 31/7 40 10, Fax 74 01 49, www.djh.de.

Campingplätze

An der Küste sind Campingplätze in großer Zahl und in verschiedenen Kategorien vorhanden. Sie vermieten z. T. auch feste Ferienhäuschen **(cabañas).** Nicht alle Plätze öffnen ganzjährig. Die Spanischen Fremdenverkehrsämter versenden auf Anfrage Verzeichnisse.

Reisewege

Anreise

Mit dem Flugzeug
Linienmaschinen von Iberia und Lufthansa verbinden Frankfurt/M. nonstop mit València, Charterflieger landen auch direkt in Alicante. Umsteigeverbindungen via Barcelona bestehen ab vielen anderen Flughäfen in Deutschland, Österreich und der Schweiz. Nach Murcia (San Javier) gelangt man via Madrid.

i Flugauskünfte erteilen die Reisebüros sowie die Fluggesellschaften. **Iberia-Büros:** Frankfurt/M.: Tel. (0 69) 7 16 61 11; Wien: Tel. (01) 79 56 76 12; Zürich: Tel. (01) 2 26 48 86. Über Sonderkonditionen und Charterflüge (nach Alicante, Almería) informieren Reisebüros. Inlandflüge: **Infoiberia** (in Spanien), Tel. 902 40 05 00.

Mit dem Auto
Man erreicht Ostspanien über die französischen Autobahnen A 36, A 6, A 7 und A 9 via Mulhouse, Lyon, Narbonne und La Jonquera oder durch die Schweiz über Genf. Von der spanischen Grenze reicht die gleichfalls mautpflichtige Autopista 7 bis Alicante. Autoreisezüge verkehren im Sommer bis Narbonne (90 km vor der Grenze). Gute Straßenkarten veröffentlicht u. a. Eurocart, in Spanien wird der jährlich aktualisierte Atlas »Guía Campsa« gern empfohlen.

Mit der Bahn
Die schnellste Verbindung besteht via Zürich, Port Bou und Barcelona. Über Fahrpläne und Preise informiere man sich bei der Deutschen Bahn oder in DER-Reisebüros.

Unterwegs in der Levante

Mit dem Leihwagen
In Städten und Ferienorten sind sowohl die großen internationalen als auch lokale Mietwagenfirmen vertreten; ein Preisvergleich lohnt sich. In der Hochsaison sollte reserviert werden. Diverse Reiseveranstalter offerieren günstige Fly-&-Drive-Pakete.

Mit Bus und Bahn
Das Netz der spanischen Eisenbahn (RENFE) ist dicht, die Kilometerpreise liegen deutlich unter denen der DB. Der Hochgeschwindigkeitszug *Alaris* verkürzt die Fahrzeit von València nach Madrid auf 3,5 Stunden. Zwischen Dénia und Alicante pendeln die gelb-weißen Waggons der Schmalspurbahn der Generalitat Valenciana. Private Busunternehmen bedienen beinahe alle Städte und Dörfer.

Verkehrsbestimmungen

In Ortschaften beträgt das Tempolimit 50 km/h, auf Landstraßen 90 km/h, auf doppelspurigen Schnellstraßen *(autovías)* 100 km/h und auf der Autobahn *(autopista)* 120 km/h. Es besteht Anschnallpflicht; die Promillegrenze liegt bei 0,5.

In den Innenstädten lässt die Polizei Falschparker unbarmherzig abschleppen. Für Unfälle innerorts ist die Policía Municipal, außerhalb die Guardia Civil de Tráfico zuständig. Der ADAC unterhält einen Notruf in Barcelona: Tel. 934 78 78 78 (Mo–Fr 8–20 Uhr, Sa/So/Fei 9–18 Uhr). Straßenzustand *(Teleruta):* Tel. 900 12 35 05.

Seite 35

**València

Lichtgestalt mit Sinn fürs Weltliche

La clara, »die Helle«, so lautet der klingende Beiname der Levante-Metropole, inspiriert vom weichen mediterranen Sonnenlicht. Wer jedoch glaubt, alles an València sei Glanz, Freude und Heiterkeit, der irrt gewaltig: Groß geworden ist die Stadt gerade durch die Bodenständigkeit ihrer Bewohner, durch Handel und Industrie. Die gotische Pracht der Altstadt mit ihrem wuchtigen Wahrzeichen, dem Glockenturm El Micalet, belegt das früh erstarkte Selbstbewusstsein der valencianischen Kaufleute. Kommerziellen Ursprungs sind auch weitere Höhepunkte des touristischen Programmes – La Llotja, die alte Seidenbörse, und der quirlige Hauptmarkt.

Kulturell kann València gleichfalls überzeugen; hervorzuheben sind etwa das Kunstmuseum IVAM und der hochmoderne Konzertsaal Palau de la Música. Genauso gerühmt werden Valèncias lange Nächte, die nicht nur während der Fallas viel Kondition voraussetzen.

Geschichte

Unter dem römischen Namen Valentia Edetanorum 138 v. Chr. gegründet und ab 714 von den Arabern regiert, erlangte València als maurisches Lokalkönigreich *(taifa)* frühe Bedeutung durch Agrarwirtschaft und Handel. El Cid (s. S. 64) erhob València 1094 zur Hauptstadt eines christlichen Fürstentums, das aber schon 1102 erneut von islamischen Truppen besetzt wurde. Die Herrschaft des Halbmonds war wie überall in Spanien weitgehend geprägt von religiöser Toleranz und dem friedlichen Zusammenleben von Christen, Juden und Muslimen. Dies änderte sich zunächst auch nicht, als Jaume I (»der Eroberer«) 1238 die arabische Ära beendete und València der Union Aragón-Katalonien anschloss, die dem bis 1707 bestehenden Königreich Autonomierechte garantierte.

Im 15. Jh. wuchs es unter dem Einfluss der geschäftstüchtigen Katalanen zur Handelsmacht heran: 1407 entstand das erste städtische Bankhaus, die Börse La Llotja avancierte zum internationalen Treffpunkt von Seiden-, Textil- und Keramikhändlern. Aber mit der Entdeckung Amerikas rückten Städte am Atlantik in den Mittelpunkt des Interesses, und die Madrider Zentralmacht schaffte gegen den Widerstand des valencianischen Geldadels die Privilegien ab. Das endgültige Aus für Valèncias »goldenes Zeitalter« bedeutete 1609 die Vertreibung der konvertierten Mauren *(moriscos)*, die viel zum Wohlstand beigetragen hatten.

Die nächsten 500 Jahre begehrten die Valencianer immer wieder vergeblich auf gegen kastilische und französische Unterdrücker; zuletzt während des Spanischen Bürgerkriegs (1936 bis 1939), als València Sitz der republikanischen Regierung war. Heute leben ca. 1 Mio. Menschen in der drittgrößten Stadt Spaniens, ihre wirtschaftliche Bedeutung als dritte Kraft nach Madrid und Barcelona nimmt ständig zu.

Rund um El Micalet

**Catedral de Santa Maria ❶

Errichtet wurde die – von unterschiedlichen Baustilen geprägte – Kathedra-

Seite 35

le ab 1262 zunächst in gotischer Grundform auf dem Fundament einer maurischen Moschee. Das üppig geschwungene Hauptportal *(Puerta de los Hierros),* geschaffen im frühen 18. Jh. vom deutschen Bernini-Schüler Konrad Rudolf, stellt Barock in Reinkultur vor. Im Inneren der Seitenkapellen überwiegen dagegen klassizistische Elemente des späten 18. Jhs.

Tipp Vom frei stehenden Glockenturm **El Micalet** genießt man den prächtigsten Panoramablick über València. Die Aussichtsterrasse in 51 m Höhe erreicht man über eine enge Spiraltreppe mit 207 Stufen (tgl. 10–13, 16.30–19 Uhr).

Im Inneren der Kirche sind die Bildtafeln am Hochaltar bemerkenswert. Zwei hiesige Schüler Leonardo da Vincis, Fernando Yáñez und Fernando de Llanos, gestalteten sie 1507–1509 mit Szenen aus dem Leben der Jungfrau Maria. Den Heiligen Gral (Santo Cáliz), jenen mysteriösen Gegenstand, den König Artus und seine Ritterrunde zu

Wenn das Wassergericht tagt, stehen die Touristen Schlange

finden hofften, birgt angeblich die gotische **Capilla de Santo Cáliz.** An die Kapelle anschließend präsentiert das **Museu de la Catedral** u. a. zwei Gemälde Goyas von 1799 sowie eine kostbar verzierte, vier Meter hohe moderne Monstranz (Mo–Sa 10–13 Uhr).

Kurzer Prozess à la València

»High Noon« an der Kathedrale: Jeden Donnerstagmittag versammeln sich acht schwarz gekleidete Herren und ein würdevoller Gerichtsdiener *(alguacil)* vor der Puerta de los Apóstoles, um auf Valencianisch Recht zu sprechen. Urteile ergehen nur mündlich, sie sind endgültig und sofort vollstreckbar. Lynchjustiz muss dennoch niemand fürchten, denn um Kapitalverbrechen geht es nicht: Das weltweit einmalige **Tribunal de las Aguas** (»Wassergericht«) schlichtet seit 1000 Jahren Streitigkeiten zwischen Anliegern der sieben Bewässerungskanäle *(acequías)* Valèncias. Sünder werden höchstens mit Geldbuße oder zeitweiligem Wasserentzug bestraft. Der Andrang der Schaulustigen ist groß, die Verblüffung über den kurzen Prozess noch größer: Der *alguacil* ruft nur die Namen der acht Bewässerungszonen auf, und weil meist keine Beschwerde vorliegt, ist die Sitzung dann auch schon wieder geschlossen – bis nächsten Donnerstag, Punkt 12 Uhr mittags.

Seite 35

*Puerta de los Apóstoles

Die schmale Passage der Calle Miguelete links der Kathedrale führt zur Puerta de los Apóstoles. Unter der gotischen Fensterrose des Westportals tritt jeden Donnerstagmittag das **Wassergericht** zusammen (s. S. 33, »Kurzer Prozess«).

**Plaza de la Virgen

Der Platz ist der traditionelle Versammlungsort Valèncias. Die Tische von Cafeterías laden zum Draußensitzen und Schauen ein, während unzählige weiße Tauben den Riu-Túria-Springbrunnen umflattern. Der Kuppelbau **Basílica de la Mare de Deú dels Desemparats** (1667), durch einen Bogen mit der Kathedrale verbunden, verwahrt in einer kleinen Kammer hinter dem Altar eine Madonnenfigur aus dem 14. Jh. Diese »Jungfrau der Schutzlosen« wird als Stadtpatronin vom einfachen Volk viel verehrt.

Gegenüber setzt sich der ***Palau de la Generalitat** ❷ aus dem 15. Jh. in Szene. Der Regierungssitz des Landes València ist ein kaum zu übersehendes Symbol der Autonomie. Den prunkvollen Sitzungssaal und andere Räume kann man nach Voranmeldung besichtigen (Tel. 963 86 61 00).

*Torres de Serrans ❸

Nördlich der Plaza de la Virgen markieren die imposanten Zwillingstürme eines früheren Stadttores (1398), genannt Torres de Serrans, die Abgrenzung des mittelalterlichen València.

Östlich der Plaza de la Virgen

Unweit der Desamparados-Kirche zeugt der vormals arabische **Kornspeicher** ❹ *(Almudí,* valenc. auch *Almoina)* aus dem 14. Jh. von Valèncias Handelstradition. Durch enge Gassen und vorbei am Patrizierhaus **Palau del Almirante** ❺ (sehenswerter Patio mit schöner Freitreppe) gelangt man zur gotischen Kirche **San Juan del Hospital** sowie zum ehemaligen **Convent Sant Domènec** ❻, heute Teil einer Armeekaserne. Die Kirche mit der herrlichen *Capella dels Reis kann nach Rücksprache mit den Wachen besichtigt werden.

*Col.legi del Patriarca ❼

Im früheren Priesterseminar im strengen Renaissancestil des 16./17. Jhs. beeindruckt ein formvollendeter Innenhof mit 56 Säulen aus Carrara-Marmor. Im Sommer finden in dem Patio klassische Konzerte statt. Die ****Pinakothek** (1. Stock) enthält vorwiegend spanische Gemälde des 15.–17. Jhs., darunter Werke von El Greco und Ribalta (Mo–So 11 bis 13.30 Uhr). Auf der gegenüberliegenden Straßenseite steht das alte Stammhaus der Universität (19. Jh.).

**Palau del Marquès de Dos Aigües ❽

Die ungeheuer verspielte Fassade des spätbarocken Palastes (1740) erinnert zunächst an Jugendstildekor. Das Ala-

Zur Orientierung

València liegt nicht am Meer. Hafen (El Grau) und Hausstrand der Städter (La Malvarrosa) befinden sich rund 6 km entfernt von der Altstadt, der Ciutat Vella. Weil dort kaum Parkplätze zur Verfügung stehen, sollte man den Wagen in einem der zahlreichen Parkhäuser oder an der Ringstraße am trockengelegten Riu Túria abstellen. Vom Hauptbahnhof (Estació del Nord) ist das Zentrum zu Fuß in wenigen Minuten erreichbar.

basterportal mit einer thronenden Gottesmutter flankieren zwei muskulöse Gestalten auf umgestürzten Wasserkrügen, Riu Túria und Riu Júcar und symbolisieren gleichzeitig den Titel des Marquès (katalan. *dos aigües:* »zwei Gewässer«). Das Motiv strömenden Wassers wird in Schlingpflanzen, Girlanden und Palmen, die Fenster und Gesims umfließen, fortgesetzt. Der Maler und Bildhauer Hipólito Rovira Brocandel, der die Palastfassade entwarf, soll 1765 in geistiger Umnachtung gestorben sein. Das Keramikmuseum, ****Museu González Martí,** im selben Gebäude wurde 1999

❶ Catedral
❷ Palau de la Generalitat
❸ Torres de Serrans
❹ Kornspeicher (Almudí)
❺ Palau del Almirante
❻ Convent Sant Domènec
❼ Col.legi del Patriarca
❽ Palau del Marquès de Dos Aigües
❾ La Llotja
❿ Sant Joan del Mercat
⓫ Plaça Redonda
⓬ Torre Santa Caterina
⓭ Torres de Quart
⓮ IVAM
⓯ Centre del Carme
⓰ Museu de Belles Arts

Seite 35

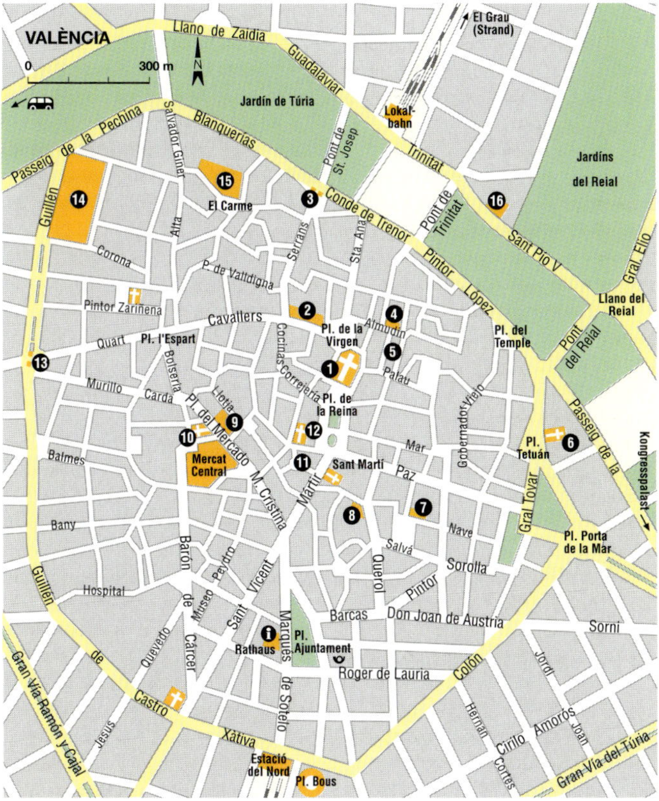

Seite 35

Besonders vormittags herrscht Hochbetrieb im Mercat Central

nach langer Umbauzeit wieder eröffnet (Di–Sa 10–14, 16–20 Uhr, So/Fei 10–14 Uhr).

Das merkantile València

Der zentrale Platz der südlichen Altstadt ist die keilförmige **Plaça de l'Ajuntament,** beherrscht von Banken und Geschäftshäusern, Blumenständen sowie dem klassizistischen **Rathaus.** Im Parterre verwahrt das Museu Històric Municipal nationale Güter wie die *senyera,* Valèncias erste Flagge, und den Erlass der Autonomierechte von Jaume I (Mo–Fr 9–14 Uhr).

Südlich vom Rathausplatz führt die verkehrsreiche Avenida Marqués de Sotelo auf die 1860 erbaute kolossale **Stierkampfarena** (mit Museu Taurino) und den sehenswerten **Hauptbahnhof** (Estació del Nord, im Art-déco-Stil) zu.

Nördlich des Rathausplatzes gelangt man über die Avenida María Cristina zur **Plaça del Mercat,**

Eine der ältesten Handelsbörsen Europas: La Llotja

dem merkantilen Herzen der Stadt. Vor dem Eingang zum Markt locken populäre Straßencafés mit marktfrischen Appetithappen.

****El Mercat Central,** der Hauptmarkt bietet ein wahres Fest der Sinne: Unter zwei luftigen, 1928 in der Tradition des modernisme gestalteten Eisen-Glas-Kuppeln wird alles gehandelt, was Meer, Huerta und Berge hergeben. Vielfältige Gerüche, fröhliches Palaver und Gedränge erfüllen die Hallen, während Sonnenlicht durch die Glasdächer fällt wie von einem Kirchenfenster aufs Allerheiligste – nur bleibt diese »Kathedrale« sonntags geschlossen.

**La Llotja ❾

Der gotische Prachtbau zeugt vom Geschäftssinn und der zweiten Religion Valèncias: La Llotja (auch *Lonja de la Seda,* »Seidenbörse«) strahlt mit ihren Rosettenfenstern aus dem 15. Jh. zwar eine fast sakrale Würde aus, diente aber als Warenbörse stets profanen Zwecken. Im großen Handelssaal *(Sala de la Contratación)* wurde einst Seide umgeschlagen; hier kamen Bankiers, Reeder und Kaufleute zur Sache. 20 schlanke Säulen stützen den 36 m langen Raum und münden in eine Gewölbestruktur, die

Seite 35

eleganten Dattelpalmenkronen ähnelt. Der Saal wird nun als Ausstellungs- und Veranstaltungsraum genutzt. Das **Consolat de Mar,** 1548 an die Llotja angebaut, war Sitz des Seegerichts und der ersten Handelskammer (Di–Fr 9–14, 16–18 Uhr, Sa/So 9–13.30 Uhr).

Die Umgebung der Börse

Gegenüber der Börse erhebt sich die im Spanischen Bürgerkrieg stark beschädigte gotische Kirche **Sant Joan del Mercat** ⑩ (1368). Mitten im Gassengewirr östlich der Llotja verbirgt sich die kreisrunde, Basaratmosphäre atmende ***Plaça Redonda** ⑪, wo unter einem Sonnendach kleine Geschäfte Stickereien, Stoffe, Souvenirs und allerlei Nippes feilbieten. Sonntagvormittags findet hier ein kleiner Flohmarkt statt. Dahinter, fast schon an der Plaça de la Reina, erhebt sich die barocke ****Torre Santa Catalina** ⑫ von 1688. Der Glockenturm der gleichnamigen Pfarrkirche gilt als einer der schönsten der Levante.

Die beste *horchata de chufas* (Erdmandelmilch) wird an der Plaça Santa Caterina seit 1836 in der **Horchatería El Siglo** zubereitet. Angenehm pausieren lässt es sich auch direkt an der Rückfront der Börse, an der hübschen Plaça de Doctor Collado, wo die alteingesessene Bar El Kiosco herzhafte Tapas serviert.

*El Carme

Die Calle Bolsería führt in den Altstadtbezirk El Carme. Ein Spaziergang durch das einstige Rotlichtviertel lohnt sich schon wegen seiner munteren Straßencafés und Kneipen, z. B. an der Plaça de l'Espart. Aber nicht nur verstaubte Kramläden und winzige Handwerksbetriebe prägen die Gegend, sondern auch verfallene Häuser, bröckelnder Putz und Bauschutt auf engen Gassen. Die Stadtverwaltung sieht für El Carme in den kommenden Jahren deshalb eine profunde Sanierung vor.

Links endet die Calle de Quart am zweiten erhaltenen Stadttor, dessen martialische Festungstürme, die ***Torres de Quart** ⑬ aus dem 15. Jh., wie überdimensionale Schachfiguren wirken. Rechts mündet die Calle Caballeros rasch wieder auf die Plaza de la Virgen (s. S. 34).

Tapas von Format: Die beste Auswahl an kleinen Köstlichkeiten für zwischendurch im Barri El Carme bietet die Bar **Joan Pau,** Almirante, 3, Tel. 963 91 90 86. ○○

Kunst und Kultur am Riu Túria

Nach der katastrophalen Überschwemmung von 1957 verlegte man den Flusslauf kurzerhand in den Süden der Stadt und integrierte das Bett des gezähmten Túria als Parkanlage in das moderne Stadtbild. Ricard Bofill, bekannter Architekt olympischer Stätten in Barcelona, lieferte das Konzept zur Neugestaltung.

Hochmodern gibt sich das zeitgenössische ***Institut Valencià d'Art Modern** (IVAM; www.ivam.es) ⑭. Das 1989 eröffnete Museum enthält u. a. Werke von Juli Gonzàlez, Ignacio Pinazo, Antoni Tàpies (Di–So 11–20 Uhr). Tipp: Zum Museum gehört ein angenehmes, modernes Restaurant (Tel. 963 91 03 53, ○○). Wechselnde Ausstellungen finden im benachbarten **Centre del Carme** ⑮ statt, einem ehemaligen Karmeliterkloster mit schönem Kreuzgang.

Auf der anderen Uferseite, über den Pont de la Trinitat (1402) er-

Seite 35

reichbar, zeigt das **Museu de Belles Arts** ⓰ neben alten valencianischen Meistern wie Ribalta und Ribera auch Gemälde von Velázquez, Goya, El Greco und Hieronymus Bosch (Di–So 10–14 Uhr, Di–Sa 16–18 Uhr). An das Museum schließen sich die **Jardins del Reial** (auch *Vivers*) an, eine Grünanlage mit Palmenallee und Zierteich.

Zwei weitere, gegen Ende des 16. Jhs. erbaute Übergänge, Pont del

In der Abschlussnacht der Fallas fängt selbst der Teufel Feuer

Pappmaschee und Pulverdampf

Wenn in der Nacht vom 19. auf den 20. März über València heller Feuerschein liegt und sich 370 Pappmascheefiguren minutenschnell in Asche verwandeln, haben die zahllosen Organisatoren der Fallas Schwerstarbeit hinter sich: Jedes Stadtviertel bildet schon Monate zuvor eine Kommission, die die Planung und Finanzierung der Festtage übernimmt. Thema Nummer eins ist die Gestaltung der *ninots,* die in der Abschlussnacht dem Feuer übergeben werden.

Erstmals fackelten Zimmerleute im 16. Jh. Puppen mit karikaturhaften Zügen ab, Frühlingsfeuer gab es jedoch bereits in vorchristlicher Zeit. Heute stehen korrupte Politiker, unverschämte Finanzbeamte und andere Nervensägen Modell für die bis zu 20 m hohen grotesk-satirischen Statuen. Viele Anspielungen bleiben auswärtigen Besuchern verborgen (Tipp: Programmheft »Turista Fallero«), erotische Details oder ironische Seitenhiebe auf Touristen in Sandalen und weißen Socken erklären sich hingegen von selbst. Mit besonderer Spannung erwartet wird stets das Motiv der Haupt-Falla vor dem Rathaus. Per Volksabstimmung wird im Börsensaal das schönste Exemplar begnadigt. Die *ninots indultats* der letzten 50 Jahre, dazu historische Plakate sowie eine Schönheitsgalerie der Fallas-Königinnen zeigt das sehenswerte ***Museu Faller** (Pl. de Monteolivete, Di–So 10–14 Uhr, Di–Fr 16–19 Uhr).

Bis zum großen Freudenfeuer *(cremà)* stehen noch viele Spektakel auf dem Programm. Ab 1. März lassen es Meisterpyrotechniker täglich um 14 Uhr auf der Plaça del Ajuntament krachen. Einer gelungenen *mascletà,* so heißt die ohrenbetäubende Böllersymphonie, applaudiert das sachkundige Publikum begeistert. Nächtens beleuchten Feuerwerke *(castillos)* das Bett des Riu Túria, das großartigste von allen in der **Nit del Foc** (»Nacht des Feuers«, 18./19. März). Etwas ruhiger geht es am 17. März während der **Ofrenda de Flores** zu, wenn Mädchen und Frauen in Tracht die Fassade der Desamparados-Kirche mit Blumen schmücken. Pausenlos ziehen *bandas de música* durch die Altstadt, an Schlaf ist kaum zu denken. Sobald bei Sonnenaufgang die Kräfte nachlassen, machen die Kanonenschläge der *despertà* (»Weckruf«) wieder hellwach.

Seite 35

Reial und Pont de la Mar, verbinden Alt- und Neustadt miteinander. In reizvollem Kontrast dazu steht die asymmetrische Silhouette der modernen Bogenbrücke von Santiago Calatrava. Ein wenig wie ein Treibhaus mutet der ***Palau de la Música** von 1987 an, der für sein klassisches Konzertprogramm bekannt ist (Informationen über Veranstaltungen unter Tel. 963 37 50 20).

**Ciutat de les Arts i de les Ciències

Zur Jahrtausendwende entstand weiter südlich am Flussbett des Turia ein neues Wahrzeichen Valèncias: die »Stadt der Künste und Wissenschaften« im Calatrava-Design. Schon 1998 wurde das **Hemisfèric** eröffnet, ein Planetarium und IMAX-Kino in Form eines gigantischen Auges aus Stahlbeton. 2001 folgte das interaktive Wissenschaftsmuseum **Príncipe Felipe,** in dem regelmäßig Wechselausstellungen stattfinden. 2002 soll der **Palau de les Arts** (Oper) und 2003 **L'Oceanogràfic** mit einem 70 m langen Unterwassertunnel eröffnen (www.cac.es, Tel. 902 10 00 31; Anfahrt: ca. 20 Minuten auf der Autovía nach El Saler).

Kongressstadt València

Mit dem postmodernen **Palacio de Congresos** des Stararchitekten Sir Norman Foster (an der Gran Vía de les Corts Valencianes) verfügt València über eine der gelungensten modernen Kongresshallen Spaniens (Anfahrt: Busse Nr. 10 und 11 ab Ajuntament). **Messe-Info** beim València Convention Bureau, Carmelitas, 1, Tel. 963 60 63 53, Fax 963 60 64 30, www.turisvalencia.es.

Infos

Oficina de Turismo, Calle de la Paz, 48, Tel. 963 94 22 22, Fax 963 94 27 98. Filialen am Flughafen und im Bahnhof.

Flughafen: Manises (8 km westlich; Taxis, Bus). Barcelona, Madrid, Balearen; internationale Verbindungen. Auskunft: Tel. 961 59 85 00.
Bahnhof: Estació del Nord, Xàtiva, 24, Tel. 902 24 02 02. Alicante, Barcelona, Madrid. Ferrocarrils de la Generalitat (Lokalbahn), Cronista Rivelles, 1, Tel. 963 58 11 11. Außenbezirke und zum Hafen (Linie 4).
Busbahnhof: Av. Menéndez Pidal, 13, Tel. 963 46 62 66.
Fährverbindungen: Estació Marítima, El Grau, Tel. 902 45 46 45. Fähren der Linie Trasmediterránea zu den Balearen.
Stadtverkehr: Auskunft: Tel. 963 97 40 40. 90 Buslinien, zentrale Haltestelle: Ajuntament; Metro: vier Linien. Taxiruf: Tel. 963 70 33 33.

Monte Picayo, Puzol, Tel. 961 42 01 00, Fax 961 42 21 68, www.hrsl.es. Luxushotel, Kasino und gutes Restaurant, 20 km außerhalb (Abfahrt 7 von der A 7). ○○○
▮ **Meliá València Palace,** Prolongación Paseo Alameda, 32, Tel. 963 37 50 37, Fax 963 37 55 32, www.solmelia.com. Komfortabler Neubau nahe dem Musikpalast. ○○○
▮ **Reina Victoria,** Barcas, 4, Tel. 963 52 04 87, Fax 963 52 27 21. Klassisches Stadthotel, beliebt bei Toreros. ○○○
▮ **Catalonia Excelsior,** Barcelonina, 5, Tel. 963 51 46 12, Fax 963 52 34 78, www.hoteles-catalonia.es. Etwas plüschig, sehr freundlich und ideal gelegen. ○○

Seite 35

- **Meliá Confort Inglés,** Marqués de Dos Aguas, 6, Tel. 963 51 64 26, Fax 963 94 02 51, www.solmelia.com. In altem Stadtpalast mit eleganter Halle; Zimmer frisch renoviert. ❍❍
- **Ad Hoc,** Boix, 4, Tel. 963 91 91 40, Fax 963 91 36 67, www.sercotel.es. Liebevoll ausgestattetes kleines Haus in renoviertem Stadtpalast. ❍❍
- **Hospedería del Pilar,** Mercado, 19, Tel. 963 91 66 00. Akzeptables Billigquartier am Hauptmarkt. ❍

Ca Sento, Méndez Núñez, 17, Tel. 963 30 17 75. Valèncias Gourmettempel Nr. 1: Regionale Küche mit Anspruch. ❍❍❍

- **Eladio,** Chiva, 40, Tel. 963 84 22 44. Valencianische und internationale Küche auf hohem Niveau. ❍❍❍
- **San Nicolás,** Plaza Horno de San Nicolas, 8, Tel. 963 91 59 84. Beliebt wegen seiner fantasievollen Variationen valencianischer Fischküche. ❍❍
- **Alghero,** Burriana, 52, Tel. 963 33 35 79. Feine regionale Küche mit italienischem Touch. ❍❍
- **Marisquería Civera,** Lérida, 11, Tel. 963 47 59 17. Bekanntes Fischlokal, gute Tapas an der Bar. ❍❍
- **Bodegó de la Sarieta,** Juristas, 4, Tel. 963 92 35 38. Gemütliches Altstadtlokal, bodenständige Küche zu moderaten Preisen. ❍❍

Designerbars in der Calle Caballeros, z. B.: **Johnny Maracas** (Nr. 39; mit Salsamusik), **Hannax** (Nr. 36; z. T. arabisches Gemäuer). **Juan Sebastián Bach,** del Mar, 31. Surrealistisches Interieur, klassische Musik.
Zahllose **Cafés** und **Pubs** in El Carme (an der Plaça de l'Espart), studentisches Publikum in der Zona Blasco Ibáñez (z. B. **Café Latino**). **Black Note,** Polo y Peyrolón, 15, Tel. 963 93 36 63. Bietet Jazz live.

- **A Fuego Lento,** Cavallers, 47. Exzellente Taberna mit hervorragendem Wein und Tapas.

Diskos: Hipódromo Salsa, Blasco Ibáñez, 114, Salsamusik. **Un Sur,** Maestro Gozalbo, 20. Erst ab 3 Uhr morgens füllt sich der sehr beliebte Club mit Leben. **Arabesco,** Carretera Ademuz, 10 km außerhalb; drei Tanzflächen, bis 6 Uhr früh geöffnet.

Tipp Veranstaltungshinweise bringen die Tageszeitung **Levante** und das Magazin **¿Qué y Dónde?.**

Bodegas Segui, Pianista Amparo Iturbi, 16. Weine und Olivenöl seit 1915.

- **Martínez,** Ruzafa, 12. Traditionsreiche Süßwaren aus eigener Herstellung.
- **Centro de Artesanía,** Hospital, 7. Kunsthandwerk.
- **Rastro:** Flohmarkt Sonntag vormittags an der Plaza Napolés.

Ausflüge

Zu den Stränden La Malvarrosa und El Saler

Allzu sauber und einladend wirken die Hausstrände der Valencianer nicht gerade. Dafür bieten **La Malvarrosa** (1 km nördlich des Hafens El Grau) und **El Saler** (5 km südlich) an Sommerwochenenden pralles spanisches Leben: tobende Kinder, genervte Eltern, plärrende Radios ...

Nach La Malvarrosa verkehrt eine Lokalbahn (Linie 4); El Saler ist per Bus (ab Estació del Nord) zu erreichen.

Populäre Strandlokale *(chiringuitos),* wie **Las Arenas** und **La Pepica** in La Malvarrosa versorgen Ausflügler mit Paella und Meeres-

Seite 35

früchten, abends bittet der Nachtklub **La Champañería** zu Sekt und Tanz. Feine Fischküche kann man in den Restaurants an der Nordseite des Hafens kosten, z.B. im **L'Estimat,** Av. Neptuno, 16, Tel. 963 71 19 18. ○○

Sidi Saler, Playa del Saler, Tel. 961 61 04 11, Fax 961 61 08 38, www.hotelessidi.es. Viel Komfort, wenig Charme. ○○○
▮ **Luis Vives,** Ctra. Saler, 16 km, Tel. 961 61 11 86, Fax 961 62 70 16, www.parador.es. Moderner Parador zwischen Strand und Lagune; bekannter Golfplatz. ○○○

Die südliche Küstenstraße gilt seit Jahren als Technopiste *(ruta del bakalao)*. In Diskotheken wie **Spook Factory** (El Saler), **Puzzle** oder **Heaven** (El Perelló) ravt man bis in den Vormittag hinein. Mega-in sind aktuell lateinamerikanische und karibische Rhythmen, z.B. in den Sommer-Diskos **El Floridita** (Playa de la Malvarrosa) und **Caballito de Mar** (Las Arenas).

*L'Albufera

Das seit 1986 unter Naturschutz stehende Vogelparadies L'Albufera, in dem Seidenreiher, Rallen und Enten dominieren, ist durch Abwässer, Düngemittel und Verschlammung stark gefährdet. Im Besucherzentrum ***Racó de l'Olla** (mit Aussichtsturm und Lehrpfad) wird dokumentiert, wie die Seefläche von 15 000 ha (im 19. Jh.) auf nur noch 2500 ha (2001) zurückging. Eine Bootsfahrt vermittelt aber noch immer das Bild einer Idylle.

Tipp Im Fischerdorf El Palmar (16 km von València) soll die erste Paella gekocht worden sein; am Wochenende strömen die Städter hierher. **Racó de l'Olla** ist der bekannteste Paella-Tempel (Tel. 961 62 01 72; ○○).

*Alicante (Alacant)

Vom Mittelmeer beseelt

Ganz im Gegensatz zu València fühlt sich Alicante von jeher dem Meer näher als dem Ackerland der Huerta. Der offenen See wendet die Hafenstadt ihr ganzes Gesicht zu, geschützt nur von der Festung Santa Bárbara auf dem blanken Benacantil-Felsen. Ihren Ausdruck findet die maritime Seele Alicantes besonders auf der palmengesäumten Explanada, der wohl prächtigsten Flaniermeile am spanischen Mittelmeer. Alicante ist sicher keine blendende Schönheit, dafür steckt die Stadt voller echtem und ungekünsteltem Leben.

Geschichte

Als Handelsstützpunkt der Griechen gegründet, wurde der Ort unter dem Namen Akra Leuke (»Weiße Burg«) von den Karthagern ausgebaut. Im Römischen Reich hieß er Lucentum (»Stadt des Lichts«), bei den Arabern Al-Lucant. Ferdinand der Katholische verlieh dem Hafen 1490 das Stadtrecht. 1691 belagerte eine französische Armada die Festung Santa Bárbara, und im Spanischen Erbfolgekrieg konnten österreichische Truppen sie kurzzeitig einnehmen. Während der Besetzung Valèncias durch Napoleon Bonaparte (1811) wurde Alicante provisorische Hauptstadt der Region.

Streng republikanisch gesinnt waren ihre Bewohner im Spanischen Bürgerkrieg; Anhänger der Volksfront lynchten 1936 den Diktator Primo de Rivera. Heute liegt die Stadt (272 000 Einw.) im Zentrum des Touris-

Seite 45

tengebiets Costa Blanca und gilt als wichtigster Export- und Fischereihafen der Comunitat Valenciana.

Rund um die Hafenpromenade

Unter majestätischen Dattelpalmen laden auf der **Explanada de Espanya** bunte Klappstühle und Eisdielen zum Verweilen ein. Sonntagvormittags erklingen vom muschelförmigen Musikpavillon Platzkonzerte. Die Promenade ist mit einem Wellenmosaik aus 6 Millionen Steinchen gepflastert; es wurde 1993 komplett restauriert.

Tipp Von der Terrassenbar im 26. Stock des Hotels »Gran Sol« bietet sich der **perfekte Blick** über Boulevard und Jachthafen.

Unmittelbar neben dem Wolkenkratzer liegt die schattige **Plaça Portal d'Elx** ❶ mit einer sternförmigen Metallskulptur (1978) des einheimischen Künstlers Eusebio Sempere. Von der anderen Seite der lauten Rambla de Méndez Núñez führt der autofreie Carrer Major an nostalgischen Geschäftsauslagen vorbei in die zentrale Altstadt.

Eine schmale Passage nach rechts (El Portico Consistorial) öffnet sich kurz darauf zur ***Plaça de l'Ajuntament** ❷. Zwei Doppelsäulen flankieren das Portal des spätbarocken **Rathauses** (1701–1780). Der Blaue Prunksaal *(salón azul)* im ersten Stock kann werktags besichtigt werden (tgl. 9 bis 14 Uhr).

Unter dem Uhrenturm des Rathauses hindurch gelangt man zur palmenbestandenen Plaça de la Santísima Faç, von wo der Carrer Vilavella bergauf zum ****Museo de Arte Siglo XX (»La Asegurada«)** ❸ führt. In einem

Alicantes Lebensader: die Explanada de Espanya

ehemaligen Kornspeicher von 1685 zeigt das Museum moderne spanische Kunst, z. B. Werke seines Begründers Eusebio Sempere (1924–1985) sowie von Eduardo Chillida, Juan Gris, Joan Miró und Antoni Tàpies (Mai bis Sept. Di–Sa 10–14 Uhr, 17–21 Uhr, So 10.30 bis 14.30 Uhr; Okt. bis April nachmittags 16–20 Uhr).

Schräg gegenüber steht die **Iglesia Santa María** ❹, der im 14. Jh. die einstige Hauptmoschee von Al-Lucant weichen musste. Die gotische Grundform wurde im 18. Jh. um Seitenschiffe erweitert, die Fassade barockisiert.

**Castillo Santa Bárbara ❺

Windschiefe bunte Häuschen am Fuß des Burgberges säumen den weiteren Verlauf des Carrer Vilavella, an dessen östlichem Ende eine Treppe zur verkehrsreichen Uferpromenade führt. Durch einen Tunnel erreicht man den Lift zum Castillo Santa Bárbara.

Das Kastell auf dem 166 m hohen **Monte Benacantil** geht zurück auf römische Befestigungen und wurde im

Seite 45

Blick vom Castillo auf die Kathedrale San Nicolás de Bari

16. Jh. unter König Felipe II erweitert (April–Sept. tgl. 10–20 Uhr; Okt.–März tgl. 9–19 Uhr). Skulpturen und Statuen bedeutender spanischer Künstler von Benlliure bis Dalí sind in der Privatsammlung **Museo Colección Capa** (im Sommer 10–14, 17–20 Uhr, im Winter 10–14, 16–19 Uhr; Mo und So nachmittag geschl.) ausgestellt. Vom oberen Teil der Burg eröffnet sich ein grandioses Panorama der Stadt bis zum westlichen Castillo de San Fernando, das erst während der napoleonischen Kriege entstand.

Das lohnende ***Museo Arqueológico** (Pl. Gómez Ulla, nördl. des Castillo Santa Bárbara) zeigt in einem ehemaligen Krankenhaus Keramikfunde und Steinskulpturen aus keltiberischer Zeit (Di–Sa 10–14, 16–20 Uhr, So 10 bis 14 Uhr).

*Barrio Viejo de Santa Cruz

Einfache Häuser, liebevoll bemalt und mit Topfblumen geschmückt, prägen die engen Gassen des meist kurz *El Barrio* genannten Viertels um die **Plaça del Carme ❻** – ein wohltuender Kontrast zu den Betonburgen, die das moderne Alicante beherrschen.

Die Kathedrale ***San Nicolás de Bari ❼** entstand Anfang des 17. Jhs. und wird jener feierlich-düsteren Renaissancebauweise zugeordnet, die in Spanien Herrerastil heißt.

Infos

Oficina de Turismo, Rambla de Méndez Núñez, 23, Tel. 965 20 00 00, Fax 965 20 02 43, www.alicanteturismo.com.

Flughafen: El Altet (12 km südlich; Bus und Taxis), Tel. 966 91 94 00. **Bahngesellschaften: RENFE,** Avenida de Salamanca, s/n, Tel. 902 24 02 02 (Madrid, Murcia, Barcelona); **Ferrocarrils de la Generalitat,** Avda. Villajoyosa, 2, Tel. 965 26 26 78 (Dénia). **Busbahnhof:** Calle Portugal, 17 Bajo, Tel. 965 13 07 00; Landesweite Verbindungen.

Sidi San Juan, Paraje Cabo de la Huerta, Tel. 965 16 13 00, Fax 965 16 33 46, www.hotelessidi.es. Hoher Komfort, am Strand San Juan, 5 km außerhalb. ○○○

Meliá Alicante, Playa del Postiguet, s/n, Tel. 965 20 50 00, Fax 965 20 47 56, www.solmelia.com. Gute Lage zwischen Hafen und Stadtstrand. ○○○

Insel der Ruhe

Die **Isla Tabarca** (Überfahrt von Alicante, Santa Pola oder Torrevella), 1500 m lang und 450 m breit, ist die einzige bewohnte Insel Valèncias. Wenn die Tagesauflügler gehen, ist die Ruhe perfekt. Unterkunft: **Casa del Gobernador** in einem Palast des 18. Jhs. (Tel./Fax 965 11 42 60, www.casadelgobernador.com).

Seite 45

Tryp Gran Sol, Méndez Núnez, 3, Tel. 965 20 30 00, Fax 965 21 14 39, www.solmelia.com. Zentral gelegenes Hochhaus mit Panoramabar. ○○○

Les Monges, Les Monges, 2, Tel. 965 21 50 46, Fax 965 15 71 89. Nette Pension in Altstadthaus. ○

Darsena, Muelle de Levante, 6, Tel. 965 20 75 89. Große Auswahl exzellenter Reisgerichte, schöne Sicht über den Jachthafen. ○○○

Nou Manolín, Villegas, 3, Tel. 965 20 03 68. Raffinierte alicantinische Spezialitäten. ○○○

El Bocaíto, Isabel la Católica, 22, Tel. 965 92 26 30. Exzellente Tapas, bodenständige Küche. ○○○

Mavi, Foreguer, 9, Tel. 965 24 87 17. Nette Cervecería. ○○

Kneipen im **Barrio** um die Plaça Quijiano, in der Calle San Isidro oder Calle Labradores. Viele Nachtklubs liegen in der **Zona Gadea** rund um die südliche Av. Dr. Gadea. Livejazz: **Café Jamboree,** San José, 10. Disko: **Pachá,** Av. de Aguilera s/n. Tapas-Bars, Musik-Pubs und Diskos konzentrieren sich an der Marina Deportiva (südl. Hafenbecken).

Turrones Teclo, Major, 23; Nougatspezialitäten.

Casa Picó, Pl. Luceros, 4; Wein und Delikatessen.

V. Pascual, Alfonso X, 15; gutes Kunsthandwerk, u. a. hochwertige Keramik und Töpferwaren.

1. Plaça Portal d'Elx
2. Plaça de l'Ajuntament
3. Museo de Arte Siglo XX (»La Asegurada«)
4. Iglesia Santa María
5. Lift zum Castillo Santa Bárbara
6. Plaça del Carme
7. San Nicolás de Bari

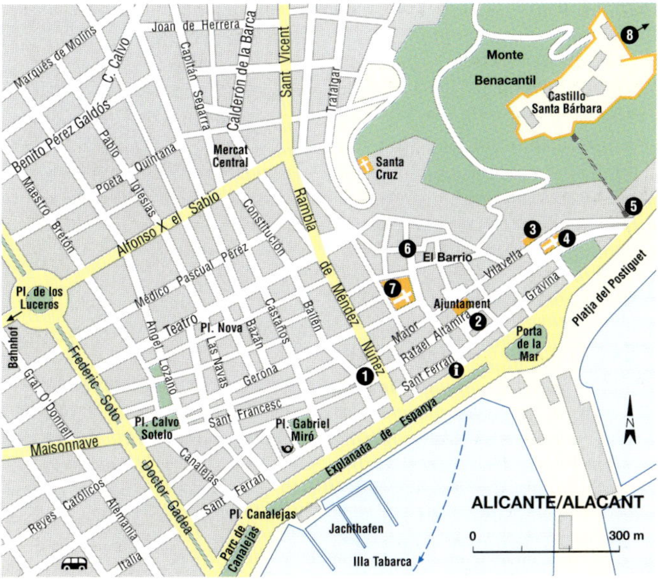

Seite 47

*Murcia

Barock im Bohnenfeld

Bewohner Madrids oder Barcelonas verbinden mit dem Landstrich zwischen València und Andalusien höchstens Tomaten, Saubohnen und bäuerliche Provinzialität. Kein Wunder also, dass es Touristen nur selten in die Huerta-Hauptstadt verschlägt. Umso größer ist dann die Überraschung: Nicht nur das freundliche Wesen der Murcianos, sondern auch kulturhistorische Schmuckstücke wie die barocke Kathedrale und großzügige Promenaden formen das Profil der Universitätsstadt. Wer den Weg hierher findet, kann sich außerdem auf kulinarische Hochgenüsse freuen: Murcia wird gerühmt für seine typische Gastronomie und herzhaft-ländliche Küche.

Die prächtig verzierte Capilla de los Vélez in Murcias Kathedrale

Geschichte

Gegründet im Jahr 825 unter Abd ar-Rahman II. als Medina Mursija, war die Siedlung am Río Segura zunächst Teil des Kalifats Córdoba, später ein eigenes arabisches Königreich. Das von den Mauren eingeführte Bewässerungssystem und die Seidenraupenzucht im Umland bescherten Murcia frühen Wohlstand. 1266 besiegte Alfonso X die Araber und gliederte das Territorium Kastilien an.

Im Spanischen Erbfolgekrieg, als Erzherzog Karl 1706 die Stadt besetzen wollte, öffnete Murcia die Deiche der Huerta und schlug so die Österreicher in die Flucht. Im 18. Jh. erlebte die Stadt eine wirtschaftliche Blütezeit, die zahlreiche barocke Baudenkmäler hinterließ. Mit 350 000 Einwohnern ist Murcia heute die zehntgrößte Stadt Spaniens; politisch-kulturell bildet sie das Zentrum der seit 1982 Autonomen Region gleichen Namens.

Durch die Altstadt

Beliebtester Treffpunkt am Fluss in der Altstadt ist die ***Glorieta de España,** eingerahmt vom schmucken Rathaus, der **Casa Consistorial ❶** von 1848, und der Rückfront des spätbarocken **Erzbischöflichen Palais ❷**.

Über die Calle San Patricio, wo das **Edificio Guillamón** aus den 1920er-Jahren modernistische Akzente setzt, erreicht man rasch das barocke Herz Murcias an der **Plaza del Cardenal Belluga.**

*cCatedral Santa María ❸

Zum Prächtigsten, was spanische Baumeister jener Epoche geschaffen haben, zählt die Hauptfassade der Kathedrale. Ursprünglich im Jahre 1394 auf den Mauern der vorherigen *mezquita* (Moschee) in gotischem Stil errichtet, wurde das Gotteshaus zwi-

Seite 47

schen 1737 und 1792 nach einem Hochwasser vom valencianischen Bildhauer Jaime Bort neu gestaltet.

Hauptdarstellerin auf der theatralischen Schaubühne – so wirkt die überladene Fassade auf den Betrachter – ist die Gottesmutter. Über dem Portal prangt eine Krönungsszene der Jungfrau, hoch darüber wird in einer muschelförmigen Nische ihre Himmelfahrt dargestellt. Neben- und Statistenrollen spielen lokale Heilige, Bischöfe und eine Schar von Engeln. An der Südseite imitiert die gotische **Puerta de los Apóstoles** (1463) das gleichnamige Tor von Valèncias Kathedrale.

Um die nördliche **Portada de las Cadenas** (1515) rankt sich eine unfromme Legende: Ein Alchimist habe die umlaufende Gliederkette mittels einer geheimen Formel aus Stein geschmiedet, heißt es. Weil sein Werk einmalig bleiben sollte, stach man ihm hinterher angeblich die Augen aus. Der 92 m hohe, imposante **Glockenturm** vereint aufgrund seiner 300

❶ Casa Consistorial
❷ Erzbischöfliches Palais
❸ Catedral Santa María
❹ Casino
❺ Iglesia de Santo Domingo
❻ Teatro Romea
❼ Museo Ramón Gaya
❽ Museo Salzillo
❾ Palacio de Almudí
❿ Centro Cultural y Museo Hidráulico
⓫ Jardín de Floridablanca

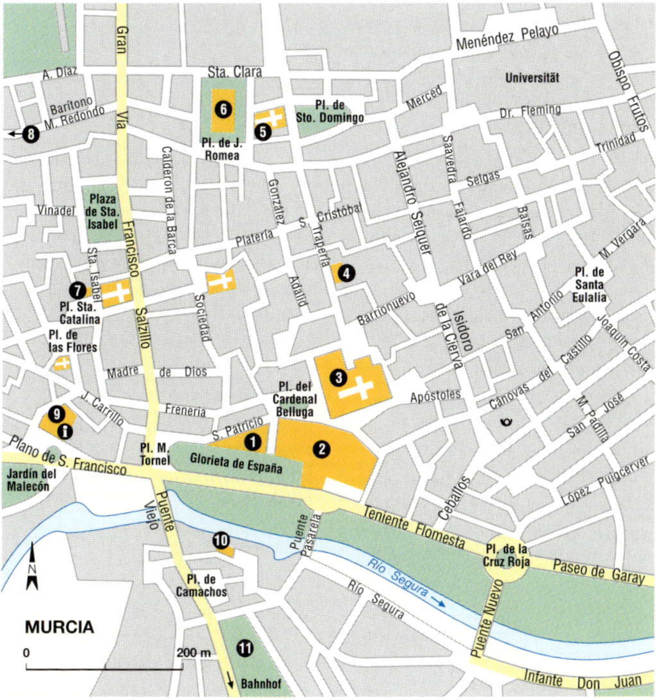

Seite 47

Jahre währenden Bauzeit verschiedenste Stilepochen: florentinische Renaissance auf der untersten Ebene, spanische (»platereske«) Renaissance in der Mitte, barocke und neoklassizistische Elemente an seiner Spitze. Im Inneren der Kathedrale überwiegen noch gotische Formen. Die Grabkapelle der Familie des Marqués de Vélez (hinter dem Hauptchor) beeindruckt durch ihr großartiges Sterngewölbe.

Im ***Kathedralmuseum** werden u. a. eine wertvolle Monstranz aus Toledaner Silber sowie Francisco Salzillos »San Jerónimo Penitente« (»Der hl. Hieronymus als Büßer«) präsentiert (tgl. 10–13, 17–20 Uhr).

*Casino ❹

In der autofreien **Calle de Trapería** (»Lumpengasse«) befindet sich das Casino, das frühere Klubhaus der örtlichen Bourgeoisie. 1901 erbaut, strotzt es vor angestaubtem Edelkitsch: Zu bestaunen ist z. B. der der Alhambra nachempfundene Patio Árabe und die Bibliothek mit Ledersesseln; ein Tanz- und ein Billardsalon zählen zu den Nebenräumen.

Edelkitsch im maurischen Stil: das Casino von Murcia

Tipp Preiswerter Mittagstisch im Speisesaal (Tel. 968 21 22 55).

Holz mit Eigenleben

Die Figuren des barocken Holzbildhauers Francisco Salzillo (1707–1783) wirken nicht nur äußerst plastisch, sie führen sogar ein Eigenleben: Jeden Karfreitag verlassen sie das Museum und paradieren als so genannte *pasos* durch die Straßen Murcias. 26 Männer schultern dabei z. B. die 1300 kg schwere Abendmahlgruppe (*La Santa Cena;* 1763) samt der mit marktfrischen Huerta-Produkten geschmückten Tafel. Salzillo, schon zu Lebzeiten höchst erfolgreich, ist bis heute der populärste Künstler Murcias. Seine Arbeiten wirken volkstümlich, stets dramatisch, manchmal wie auf den puren Effekt spekulierend. Beste Exempel sind der rothaarige, verkniffene Judas beim Verräterkuss (*El Beso de Judas;* 1763) sowie die trauernde Maria (*La Dolorosa;* 1756). Um echte Verzweiflung zu studieren, soll der Meister für dieses Werk übel getrickst haben: Angeblich schockte er seine Gattin deswegen mit der falschen Nachricht vom Tod des eigenen Sohnes.

****Museo Salzillo,** Pl. San Agustín, 1; in der ehemaligen Iglesia de Jesús (Di–So 9.30–13, 15–18, Mai bis Sept. 16–19 Uhr; So 11–13 Uhr).

Seite 47

An der Plaza Santo Domingo

An der Plaza Santo Domingo verabredet sich jeden Abend halb Murcia zum *paseo* (Flanieren). Im Volksmund heißt der frühere Marktplatz deshalb *tontódromo* (*tonto:* »albern«, »eitel«).

Die **Iglesia de Santo Domingo ❺** zwischen 1722 und 1745 errichtet, wurde im Spanischen Bürgerkrieg weitgehend zerstört, nur ihre Renaissancefassade blieb im Original erhalten. Ein Bogen verbindet die Jesuitenkirche mit dem **Palacio de los Almodóvar** (18. Jh.), dessen Portal zwei typisch barocke »wilde Männer« bewachen – den Einzug eines Fastfood-Restaurants konnten aber auch sie nicht abwenden.

An die Plaza de Santo Domingo schließt sich westlich eine ebenfalls attraktive Plaza an, die genau wie das rosafarbene **Teatro Romea ❻** nach dem hiesigen Schauspieler Julian Romea (1813–1868) benannt wurde.

Jenseits der Gran Vía

Die breite Gran Vía de Salzillo trennt die Altstadt gnadenlos in zwei Teile, am schlimmsten wüteten die Stadtplaner der Franco-Ära an der Plaza de Santa Isabel, einer regelrechten Betonwüste mit Parkhaus. Vergleichsweise idyllisch wirkt die **Plaza Santa Catalina** mit dem ***Museo Ramón Gaya ❼**, gewidmet Murcias malendem Lokalmatador (geb. 1910) (Di–Sa 10 bis 14, 17–20 Uhr, So/Fei 11 bis 14 Uhr).

An der ***Plaza de las Flores** verkauft die Tradtionsbäckerei **Bonache** ihre legendären *pasteles de carne* (Fleischkuchen).

Das ****Museo Salzillo ❽** liegt einen 10-minütigen Spaziergang weiter westlich (s. S. 48). Orientiert man sich nach Süden, ist bald wieder das Flussufer erreicht. In der Calle de Verónicas, unmittelbar neben dem munteren Hauptmarkt, wurden bei Bauarbeiten kürzlich arabische Mauerreste freigelegt.

Der kompakte **Palacio de Almudí ❾**, ein Kornspeicher aus dem 17. Jh., beherbergt heute das städtische Verkehrsamt sowie ein Kulturzentrum.

Auf der Straßenseite gegenüber beginnt der **Jardín del Malecón,** eine parkartige Promenade.

Mühlenmuseum und Stadtpark

Jenseits des Puente Viejo (18. Jh.) liegt das 1988 geschaffene **Centro Cultural y Museo Hidráulico ❿**. Ein Ensemble aus 24 alten Wassermühlen macht mit der Mühlentechnik vertraut; von der Terrasse des Zentrums bietet sich ein schöner Blick auf die Flussfront von Murcia (So geschl.). Mit wenigen Schritten gelangt man zum hübschen Stadtpark **Jardín de Floridablanca ⓫**.

Infos

Oficina de Turismo, Plano de San Francisco s/n (Palacio de Almudí),
Tel. 968 21 98 01, Fax 968 21 62 48,
www.murcia-turismo.com.

Flughafen: San Javier (45 km östlich von Murcia), Tel. 968 17 20 00.
Bahnhof: C. Industria, s/n (Barrio El Carmen), Tel. 902 24 02 02.
Busbahnhof: C. San Andrés, s/n, Tel. 968 29 22 11.

Rincón de Pepe, Plaza Apóstoles, 34, Tel. 968 21 22 39, Fax 968 22 17 44, www.nh-hoteles.es. Gesellschaftlicher Mittelpunkt Murcias seit 1925; mit einem landesweit gerühmten Restaurant und schickem Nachtklub. ○○○

Seite 47

■ **Meliá Siete Coronas,** Ronda de Garay, 5, Tel. 968 21 77 71, Fax 968 22 12 94, www.solmelia.com. Funktional und komfortabel eingerichtet. ○○○

■ **Arco de San Juan,** Plaza Ceballos, 10, Tel. 968 21 04 55, Fax 968 22 08 09, www.arcosanjuan.com. Stadthotel mit Stil. ○○○

■ **La Huertanica,** Infantes, 5, Tel. 968 21 76 88, Fax 968 21 25 04. Zentral gelegenes Zweisterne-Haus, modern und gepflegt, gutes Restaurant. ○○

■ **Hispano I,** Trapería, 8, Tel. 968 21 61 52, Fax 968 21 68 59, www.hotelhispano.com. Preiswert, in der Fußgängerzone. ○○

Rincón de Pepe (s. unter Hotels). Beste Adresse für raffinierte Huerta-Küche. ○○○

■ **Hispano,** Radio Murcia, 3, Tel. 968 21 61 52. Klassische Huerta-Gerichte. ○○

■ **Raimundo González,** Pl. Raimundo Gonzáles, 5, Tel. 968 21 23 77. Feine Gemüse- und Fischgerichte. ○○

■ **Paco Pepe,** Madre de Dios, 14, Tel. 968 21 95 76. Gute Fisch- und Fleischgerichte. ○○

Bars und **Pubs** zwischen Río Segura und Universität, z. B. **Latino** (C.Victorio), **Don Gato** (C. Santa Rosalia), **El Sur** (C. Montijo). **Studio,** Puente Tocinos (1 km außerhalb): Openairlokal in tropischem Garten.

Diskos: Centro, Pl. Santa Gertrudis; **Palacio del Caribe** (Salsa), Polígono Atalayas s/n.

Nachtklub: La Muralla im Hotel »Rincón de Pepe«.

Tipp Veranstaltungshinweise findet man in der Tageszeitung **La Verdad de Murcia.**

Auf dem Weg ins Grüne

Murcias Holzbildhauer *(belenistas)* sind bekannt für ihre fein gearbeiteten Krippenfiguren: **Rafaela Aguado,** Pl. Iglesia, 2, und **Artesanía Abellán,** Mayor, 16.

■ **Boulevard Cetina,** Pl. Cetina. Gut sortierte Einkaufsgalerie nahe der Kathedrale.

■ **Centro Regional de Artesanía,** Francisco Rabal, 6. Kunsthandwerk.

■ **Mercado de Verónicas,** Plano de San Francisco. Schöner Lebensmittelmarkt in einem Jugendstilbau.

Ausflüge in die Umgebung

Der ***Parque Natural El Valle** (6 km südlich von Murcia) ist ein beliebtes Wochenendziel der Städter. Von der knapp 600 m hohen **Sierra Cresta del Gallo** (»Hahnenkamm«) bietet sich ein schönes Panorama der Huerta. Eine wundertätige Madonna wird im **Santuario de la Fuensanta** als Patronin Murcias verehrt.

Tipp 7 km westlich der Hauptstadt, in Alcantarilla, träumen im **Museo de la Huerta** (Volkskundemuseum) Trachten, Bauernhäuser und ein altes Bewässerungsrad still vor sich hin (Di–So 10.30–18 Uhr).

Tour 1

Blütenduft und Badefreuden

****València → *Sagunt → Castelló → Orpesa del Mar → **Peníscola → Vinaròs (160 km)**

Ohne Illusion betrachtet, erweisen sich die Badeorte entlang der Costa del Azahar, der »Orangenküste«, als recht prosaische Zugeständnisse an den Massentourismus. Neben Appartementkomplexen, Imbissbuden und meterhohen Reklametafeln bleibt dennoch Raum für mediterranes Flair. Die historischen Altstädte vieler Ortschaften zwischen dem Ebrodelta und València bieten dem Besucher ein romantisches Kontrastprogramm zum Strand. Und wer im Frühjahr reist und eine feine Nase hat, den wird der exquisite Blütenduft von den nahen Plantagen tatsächlich noch lange begleiten. – Für diese Tour entlang der Costa del Azahar braucht man zwei Tage und ein Auto.

Verlässt man València in nördlicher Richtung auf der Nationalstraße N-340 (Verlängerung der Avenida de la Constitución) oder auf der mautpflichtigen Autobahn A-7 (über die Gran Vía Marqués de Túria), ist nach 18 km **El Puig ❶** (»Der Hügel«) erreicht. Über der kleinen Huerta-Siedlung thront auf etwa 60 m Höhe eine Burgruine, die auf die Zeit der Reconquista zurückgeht.

Jaume I gründete 1237 zum Gedenken an seine Siege das Kloster Santa María del Puig, der Schutzheiligen des Königreichs València geweiht. Seither wird der Konvent von Mönchen des

Orangenernte in den Plantagen von Sagunt

Mercedarier-Ordens bewohnt, die traditionell die spanische Königsfamilie bei deren Aufenthalten in València bewirten. In einem Trakt des festungsartigen Gebäudes ist ein interessantes Druckerei- und Grafikmuseum *(Museo de Imprenta y Obra Gráfica)* untergebracht.

Die populären Strände von **Pobla de Farnals** (14 km von València) ziehen am Wochenende die Städter an.

*Sagunt ❷

Von der Hauptstraße besehen, wirkt der Ort (59 000 Einw.) am Río Palancia zunächst wenig attraktiv; es überwiegen gesichtslose Mietskasernen, Industrie und stillgelegte Stahlhochöfen, und auf der Nationalstraße lärmt der Durchgangsverkehr. Erst ein Streifzug durch die rund 3000 Jahre alte ***Ciutat Vella** eröffnet andere Perspektiven.

Das Auto stellt man am sichersten an der Plaza Cronista Chabret (auch *La Glorieta*) ab und spaziert am Rathaus (Casa Consistorial) vorbei, über die von mittelalterlichen Kolonnaden gesäumte Plaza Mayor (mittwochs Markt) zum Burgberg.

Rechter Hand bewohnten bis zu ihrer Vertreibung durch die Inquisition

1

Seite 61

1

Seite 61

Schon Iberer, Römer und Araber waren Burgherren in Sagunt

sephardische Juden die verschachtelten Gassen des Barrio de la Judería, steil bergan führt die Calle Castillo zum ***Teatro Romano** (Öffnungszeiten: s. Castillo). Das römische Amphitheater hat Platz für mehr als 4000 Zuschauer und dient nach einer Totalrenovierung heute wieder der Aufführung sommerlicher Konzerte und Schauspiele. Das angeschlossene ***Museo Arqueológico** hat bis zu dem geplanten Umbau seinen provisorischen Sitz an der Plaza de San Fernando del Castillo gefunden.

Das ***Castillo** (auch *Acrópolis*), auf einem Kamm der Sierra Calderona errichtet, besteht aus sieben ummauerten Ebenen und bietet eine grandiose Aussicht. Iberer, Karthager, Römer, Araber, valencianische Republikaner – wer immer gerade das Sagen hatte in Sagunt, trug architektonisch seinen Teil zur 1 km langen Burganlage bei (Di–Sa 10–14, 16–18, im Sommer bis 19 Uhr, So 10–14 Uhr).

Wieder hinunter ins Zentrum gelangt man über den von Zypressen gesäumten Kreuzweg ***El Calvario** (19. Jh.), Schauplatz der Saguntiner Karfreitagsprozession.

In der Stadt selbst sind südlich der Plaza Mayor noch die wenigen, von Hannibal verschonten Reste des **Templo de Diana** (5. Jh. v. Chr.) sowie die frühgotische **Kirche San Salvador** (13. Jh.) in Bahnhofsnähe sehenswert.

Der größere Teil der Gemeinde Sagunt liegt 6 km entfernt vom Zentrum am Meer: In **El Port de Sagunt** sorgen 15 km Sandstrand, Restaurants, Cafés und Diskotheken im Sommer für viel Betrieb.

Antikes Saguntum

219 v. Chr. eroberte Hannibal die Stadt nach achtmonatiger Belagerung gegen den verzweifelten Widerstand ihrer Bewohner. Diese setzten zuletzt sogar sämtliche Häuser in Brand und zogen den kollektiven Feuertod der Gefangenschaft vor. Das grausige Ereignis gilt als Auslöser für den Zweiten Punischen Krieg, in dessen Verlauf Sagunt von den Römern zurückgewonnen und neu aufgebaut wurde.

1

Seite 61

Oficina de Turismo, Pl. Cronista Chabret, s/n, Tel. 962 66 22 13, Fax 962 65 05 63.

Bahnhof/Busbahnhof: Av. País Valencià, s/n, Tel. 902 24 02 02.

Azahar, Av. País Valencià, 8, Tel. 962 66 33 68, Fax 962 65 01 75. Kleines, solides Hotel im Stadtzentrum. ❍❍

El Bergantín, Pl. del Sol, 6 (Puerto de Sagunt), Tel. 962 68 03 59, Fax 962 67 33 23. Einfach, sauber und freundlich; 300 m zum Strand. ❍

L'Armeler, Subida del Castillo, 44, Tel. 962 66 43 82. Schön gelegen, am Rand des Judenviertels, französisch inspirierte Küche. ❍❍

*Coves de Sant Josep ❸

Bei Nules zweigt die C-225 ins Landesinnere ab. Kurz hinter Vall d'Uixó weisen Schilder den Weg zu den Coves de Sant Josep. 2384 m lang verläuft hier ein Nebenarm des Riu Belcaide unter der Erde und bildet ein System von Tropfsteinhöhlen, die erst in den 1920er-Jahren erforscht wurden. Heute steht davon ein knapper Kilometer Besuchern offen, die Bootstour durch die illuminierte Unterwelt dauert ca. 40 Minuten (im Sommer tgl. 10.30–13.30, 15.30–18.30 Uhr, sonst unregelmäßig; Tel. 964 69 05 76).

Vila-real ❹ und Burriana

Die Stadt **Vila-real** (40 000 Einw.) liegt in der fruchtbaren Huerta des Landkreises Plana Baixa, umgeben von Orangenhainen. Einen Abstecher ist die mächtige Kirche Sant Jaume (17. Jh.) wert. Ihr achteckiger Barockturm überragt das Zentrum. Ebenso wie seine Nachbarorte Onda, Ribesalbes und Alcora ist Vila-real bekannt für seine traditionelle Keramik.

Tipp In Burriana, südlich der Mündung des Riu Millars, erfährt man im **Museu de la Taronja** (Orangenmuseum; C. Major, 10) alles über Anbau und Vermarktung der valencianischen Nationalfrucht (Di–Sa 10 bis 13 Uhr, So 10–14 Uhr).

Castelló ❺

Im Vergleich mit Alicante oder València wirkt die Hauptstadt (140 000 Einw.) der gleichnamigen Provinz trotz einer weitgehend modernen Anlage noch immer wie ein etwas zu groß geratenes Dorf. Der Namenszusatz *de la Plana* (»in der Ebene«) bezieht sich auf die flache Huerta rund um die Stadt.

1938, als Francos Soldateska sich im Spanischen Bürgerkrieg den Zugang zum Mittelmeer freibombte, erlitt die von Jaume I im 13. Jh. gegründete Siedlung schlimme Schäden. Heute ist Castelló ein Handelszentrum für Gemüse und Zitrusfrüchte, im Hafen werden aber auch hiesige Keramik- und Porzellanprodukte verladen.

Den Mittelpunkt der Altstadt bildet die Plaza Mayor, um die sich auch die wenigen Sehenswürdigkeiten gruppieren: Von der **Catedral de Santa María** (16. Jh.) blieben nach dem Krieg nur die Portale erhalten, der Rest wurde im gotischen Stil originalgetreu rekonstruiert. Der 58 m hohe, frei stehende Glockenturm namens ***El Fadrí** (»Der Junggeselle«) gilt als Wahrzeichen der Stadt. Äußerst schmuck wirkt gleich gegenüber das barocke **Rathaus** mit seinem zweistöckigen Säulengang.

1

Seite 61

Tipp Neben der Kathedrale präsentiert der **Markt** jeden Morgen sein Angebot an Viktualien, die Meer und Huerta reichlich liefern.

Ganz neue Akzente in der Altstadt setzt seit 1999 der **Espai d'Art Contemporani de Castelló** (**EACC;** C. Prim, s/n, Tel. 964 72 35 40; Di–So 11–20 Uhr). Die städtische Galerie widmet sich der spanischen und internationalen Avantgarde.

Das ***Museo de Bellas Artes** einige Schritte nördlich der Plaza Mayor (C. Caballeros, 25; Mo–Fr 10–14, 16 bis 18 Uhr, Sa 10–12.30 Uhr; im Sommer nur vormittags) besitzt eine archäologische Sammlung, typische Keramik aus der Region sowie Werke von Francesc Ribalta (1565–1628). Zehn Gemälde von Francisco de Zurbarán (1598–1664) sind die Attraktion des **Convento des las Capuchinas** in der Calle Nuñez de Arce (tgl. 16–20 Uhr).

Tipp Die Avenida del Mar führt von der Kathedrale direkt auf das 4 km entfernte Meer und das Hafenviertel zu. Dort warten **Marisquerías** am Strandboulevard auf Gäste mit Appetit auf frisches Meeresgetier.

Oficina de Turismo, Pl. María Agustina, 5, Tel. 964 35 86 88, Fax 964 35 86 89.

Bahnhof: Pl. de Espanya, s/n, Tel. 902 24 02 02.
Busbahnhof: Iberbus, Ronda de la Magdalena, 1, Tel. 964 24 46 02.

Intur Castelló, Herrero, 20, Tel. 964 22 50 00, Fax 964 23 26 06, www.intur.com. Zentral, neu und komfortabel. ○○○
Mindoro, Moyano, 4, Tel. 964 22 23 00, Fax 964 23 31 54, www.nh-hoteles.es. Älteres Stadthotel unweit der Plaza Mayor, 93 Zimmer sowie Suiten. ○○○

Tasca del Puerto, Av. del Puerto, 13, El Grau, Tel. 964 28 44 81. Klassisches Fischlokal am Hafen. ○○○
Casino Antiguo, Puerta del Sol, 1, Tel. 964 22 28 64. Einen Besuch wert wegen des Jugendstildekors im alten Kasino. ○○
Bars und **Tapaslokale** zwischen Pl. Santa Clara und den Calles Barraca und Isaac Peral.

Tipp **Rundflüge** führt der Aeroclub Castelló durch, Playa del Pinar, Tel. 964 22 29 68.

Illes Columbretes

Der Archipel unbewohnter Vulkaninseln 60 km vor Castelló wurde 1988 zum Naturpark erklärt. Einige Veranstalter organisieren Tagestouren per Boot zur Hauptinsel **Columbrete Grande.** Auf dem spärlich bewachsenen, 68 m hohen, hufeisenförmigen Felsen nisten seltene Vogelarten; im klaren Wasser sind Langusten, Korallen und Muränen auszumachen.

Vilafamés ❻

Das mittelalterliche Bergdorf unterhalb seiner roten Sandsteinfestung (erreichbar über eine Nebenstraße der C-232 Richtung Lucena del Cid) überrascht mit der hochinteressanten Sammlung zeitgenössischer Kunst des ***Museu d'Art Contemporani,** seit 1980 in einem gotischen Palast beheimatet. U. a. sind Werke von Chillida und Miró zu sehen (Mo–Fr 11–13, Sa/So 11–14, 17–20 Uhr, im Winter nur bis 19 Uhr).

1

Seite 61

Keramik und Korbwaren: Souvenirs von der Costa de Azahar

Benicàssim ❼ und Umgebung

Benicàssim (6000 Einw.) trägt wie viele andere Orte der Levante den Namen seines arabischen Gründers aus dem 8. Jh.: »Sohn des Cassim«. Sonst erinnert nichts an die lange Geschichte der Siedlung, die sich dank einiger feinsandiger Strände (z. B. Playa Torre San Vicente) binnen weniger Jahre zu einer touristischen Trabantenstadt mit 100 000 Gästebetten entwickelte.

Tipp Ein lohnender Abstecher (7 km einfach) ins Hinterland ist die Auffahrt zum 1621 gegründeten Karmeliterkloster **Desert de les Palmes** (»Palmenödnis«). Unschön wirken die Funkmasten auf dem dunkelrot leuchtenden Bergkamm, doch steht das Gebiet unter Naturschutz und bietet eine herrliche Sicht auf die Küstenebene von Castelló – in wohltuender Distanz zu den Betonklötzen am Meer.

Auf dem Rückweg lädt die **Klosterbrennerei** am Ortsausgang von Benicàssim zur Kostprobe des *licor carmelitano* ein.

Tipp Nördlich von Benicàssim empfiehlt es sich, der kurvigen und engen Nebenstraße direkt am Meer *(por la costa)* zu folgen. Als Lohn für den kleinen Umweg genießt man einen prächtigen Blick auf die See und die macchiabewachsene Felsenküste.

Orpesa del Mar ❽

Unvermittelt taucht nach einer Kurve der neue Jachthafen und die perfekte Sandsichel der **Playa de la Concha** von Orpesa del Mar (20 km von Castelló) auf. Zwar blieb auch hier der Massenansturm auf die breiten Badestrände nicht ohne bauliche Folgen – Hochhäuser und Appartementanlagen dominieren das Ortsbild, viele Campingplätze haben sich in der Nähe angesiedelt –, aber Orpesa verfügt neben seinem historischen Wehrturm **Torre del Rey,** im 15. Jh. zum Schutz gegen Berberpiraten errichtet, noch über eine Altstadt mit ruhigen Gassen sowie die alles überragenden Ruinen eines maurischen Kastells.

i **Oficina de Turismo,** Av. de la Plana, 4, Tel./Fax 964 31 22 41.

1

Seite 61

Neptuno Playa, Paseo Marítimo, 1, Tel. 964 31 00 40, Fax 964 31 00 75. Mittelklassehotel direkt am Meer. OO
▮ **Marina,** Paseo Marítimo, 12, Tel./Fax 964 31 00 99. Ebenso gut gelegen, einfach und preiswert. OO

El Racó de Paco, Av. de la Plana, 62, Tel. 964 31 81 86. Wein und feine Fisch-Tapas. OO

*Prat de Cabanes-Torreblanca

Dem Urzustand der Küste kann man im Naturpark Prat de Cabanes-Torreblanca nachspüren. Das 1000 ha große Brackwasser-Sumpfgebiet bevölkern Wasservögel wie Graureiher, Schilfrohrsänger oder Kiebitz; selbst die bedrohte Europäische Sumpfschildkröte kommt zwischen Schilf und Salzwiesen noch vereinzelt vor.

Die Wanderung von **Torreblanca** ❾ (15 km nördlich von Orpesa) am Meer entlang bis Orpesa über Sand und Geröll dauert ca. 4 Std., zurück nach Torreblanca fahren Bus und Bahn.

**Peníscola ❿

Das wohl reizvollste Städtchen an der Costa del Azahar ist Peníscola (4300 Einw.). Wie der sprichwörtliche Fels in der Brandung ragt die auf einer schmalen Halbinsel thronende Altstadt ins Meer hinaus, beschützt durch ihren mittelalterlichen Burgwall und bekrönt von einem wuchtigen **Kastell** (Spitzname: *El Macho*, »Der Kerl«). Im 15. Jh. bot die befestigte »Stadt im Meer« dem Gegenpapst Benedikt XIII. (»Papa Luna«) eine sichere Zuflucht, und im Spanischen Erbfolgekrieg bissen sich die Österreicher trotz mehrjähriger Belagerung an der Bastion die Zähne aus.

Im Castell von Peníscola verschanzte sich einst Papst Benedikt XIII.

Gegen die lückenlose Phalanx moderner Wohn- und Hotelkomplexe entlang der grobsandigen **Playa norte** nimmt sich der historische Kern Peníscolas heute freilich fast wie eine pittoreske Zwergenstadt aus: würfelförmige weiße Häuschen, enge Gassen, liebevoll herausgeputzte Balkone und Fenster.

Tipp Das Auto stellt man am besten an der nördlichen Strandpromenade ab, um die Altstadt *(casco urbano)* zu Fuß zu erkunden.

Unbedingt besuchenswert sind die Räume und die 64 m hoch gelegene Terrasse des ***Castillo.** Frühere Kanonenschanzen auf der Stadtmauer bieten weite Ausblicke über das Meer; die zahlreichen Andenkenläden führen Kitsch und Kunsthandwerk in allen Varianten (tgl. 9.30–13, 15.15 bis 18 Uhr, im Sommer 10–14.30, 17 bis 21.30 Uhr).

Oficina de Turismo, P. Marítimo, s/n, Tel./Fax 964 48 02 08.

Bahnhof: Nächster Bahnhof in Benicarló, von dort per Bus oder Taxi.

Hostería del Mar, Av. Papa Luna, 18, Tel. 964 48 06 00, Fax 964 48 13 63, www.hostemar.com. Gediegenes Viersterne-Strandhotel, mit Ritterrüstung im Foyer, rustikal möbliert. ❍❍❍

Los Delfines, Av. Papa Luna, 4, Tel. 964 48 13 61, Fax 964 48 05 10, www.sayma.es/delfines. Moderne Mittelklasse, Terrassenrestaurant und Livemusik im Sommer. ❍❍

La Cabaña, Primo de Rivera, 29, Tel./Fax 964 48 00 17. Freundlich und praktisch, nahe der Altstadt. ❍❍

Del Duc, Fulladosa, 10, Tel. 964 48 07 68. Familiäre Pension im historischen Zentrum. ❍

Casa Jaime, Av. Papa Luna, 5, Tel. 964 48 00 30. Beliebt; Reisgerichte bilden einen Schwerpunkt. ❍❍

Txalupa, Av. Papa Luna, 100, Tel. 964 48 11 90. Baskische Küche, feiner Fisch. ❍❍

Altamira, Príncipe, 3, Tel. 964 48 00 38. Schön gelegenes Altstadtlokal. ❍❍

1

Seite 61

Ein Papst im Wartestand: Papa Luna

Aus traurig-schönem Stoff sind viele spanische Geschichten gewirkt; auch jene vom gescheiterten Gegenpapst Benedikt XIII., der noch im Exil bis zum letzten Atemzug an seinem Anspruch festhielt. Den realen historischen Hintergrund bildet ein gnadenloser Machtkampf innerhalb der Kirche: Im Jahr 1378 wählten die Kardinäle zunächst Urban VI. zum Papst in Rom. Nachdem die Wahl wenig später für ungültig erklärt wurde, berief man Clemens VII., der seine Residenz nach Avignon verlegte. Weil aber Urban VI. sein Amt nicht aufgeben wollte, war das große Abendländische Schisma (griech. »Spaltung«) perfekt.

Als nach dem Tod des Gegenpapstes von Avignon der aragonesische Kardinal Don Pedro Martínez de Luna dessen Position unter dem Namen Benedikt XIII. übernahm, wurde die Lage noch verworrener. Gegen den Widerstand Roms hielt er weiterhin Hof und zog sich aus Furcht vor einer gewaltsamen Absetzung 1411 nach Peníscola zurück.

Auf seiner Trutzburg im Meer, die ihm Ritter des Montesa-Ordens überlassen hatten, widmete er sich theologischen Studien und wartete auf seine große Stunde – sie kam nie. Stattdessen hatte sich der nur von Bewohnern der näheren Umgebung als Pontifex anerkannte Benedikt XIII. seiner römischen Feinde zu erwehren. Als Ketzer gebrandmarkt, überstand er Giftanschläge ebenso wie monatelange Belagerungen. Der sture »Papa Luna«, wie ihn die Spanier nennen, starb 1423 im Alter von 95 Jahren. Einsehen zeigte erst sein Nachfolger Clemens VIII., der 1429 abdankte und durch diesen Schritt die unglückselige Kirchenspaltung beendete.

1

Seite 61

Barockportal der Kirche San Bartolomé in Benicarló

Diskos: **La Fleca** (beim Rathaus) und **Trilogy** (Calle Blasco Ibáñez).
Altstadtkneipe: **L'Arjup,** Pl. de Armas (am Kastell).

Benicarló ⑪

Benicarló (20 000 Einw.) wurde als Gutshof von den Arabern gegründet und erhielt im 14. Jh. unter Pedro II von Aragón das Hafenrecht. Traditionell ist Benicarló eine Stadt der Fischer und Landwirte, zum Wachstum der letzten Jahre trugen entscheidend Tourismus und Industrie bei. Jeden Mittwoch ist Wochenmarkt, und im August findet zur Kirchweih ein Jahrmarkt statt.

Den hübschen, fast orientalisch anmutenden Ortskern krönt die **Iglesia San Bartolomé** (1743) mit ihrem barocken Hauptportal und einer Kuppel aus blau glasierten Azulejos. Entlang der von Hochhäusern gesäumten Küstenstraße Avenida Papa Luna bildet Benicarló eine Einheit mit dem nahen Peníscola.

Oficina de Turismo, Pl. Constitución, s/n, Tel./Fax 964 47 31 80.

Bahnhof: Pl. Estación, s/n.

Parador Costa del Azahar, Av. Papa Luna, 3, Tel. 964 47 01 00, Fax 964 47 09 34, www.parador.es. Moderner Betonbau in guter Lage am Meer. ○○○
▮ **Marynton,** Paseo Marítimo, 5, Tel. 964 47 30 11, Fax 964 46 07 20, www.marynton.com. Unprätentiöses Stadthotel in Hafennähe, auch Appartements. ○○

El Cortijo, Av. Méndez Núñez, 85, Tel. 964 47 50 38. Fisch und Meeresfrüchte in bester Qualität. ○○

Vinaròs ⑫

Als Hafen und Verwaltungszentrum für die Region Maestrazgo (s. S. 59 ff.) kommt Vinaròs (23 000 Einw.) besondere Bedeutung zu. Sehenswert sind die Strandpromenade mit der lebhaften Markthalle sowie die spätgotische **Pfarrkirche Asunción** (16. Jh.). Die Restaurants von Vinaròs sind bekannt für ihre vorzüglichen Langusten- und Garnelengerichte. Dazu werden garantiert »Wein und Reis« serviert, wie bereits der Ortsname verheißt.

Miramar, Blasco Ibáñez, 12, Tel. 964 45 14 00, E-Mail: hostalmiramar@oem.es. Schlichtes Hotel am Strandboulevard. ○○

El Langostino de Oro, San Francisco, 31, Tel. 964 45 12 04. Krustentiere auf klassisch-valencianische Art. ○○
▮ **Casa Pocho,** Sant Gregori, 49, Tel. 964 45 10 95. Marisquería. ○○

Tour 2

El Maestrazgo: Enklave der Ritter

Vinaròs → *Sant Mateu → **Morella → *Forcall → *Rubielos de Mora → **València (355 km inkl. Abstecher nach ***Teruel)

Eine wenig bekannte Welt, die mit den Ferienorten entlang der Küstenautobahn anscheinend nichts zu tun hat, beginnt nur wenige Kilometer abseits der Costa del Azahar: Ruppige Straßen schlängeln sich durch eine herb-schöne Szenerie karger Hochebenen mit halb verlassenen, mittelalterlich wirkenden Bergdörfern. Der Maestrazgo (katalan. Maestrat) mit seinen Wehrburgen und wuchtigen Palästen erinnert, zusammen mit der Weite der Landschaft, an die kastilische Meseta. Teruel, ein Juwel maurisch beeinflusster Mudéjararchitektur, ist Ziel eines Abstechers nach Aragón. – Für die Rundfahrt sollte man sich zwei bis drei Tage Zeit nehmen.

Von Vinaròs (s. S. 58) führt die N-232 aus der Küstenebene zügig in das bergige Hinterland. Die vorherrschenden Farben sind bald nicht mehr das Grün der Obstplantagen oder das Blau des Mittelmeers, sondern das Grau der Felsen und das Braun rissiger Erdschollen. Das Relief prägen tafelförmige Hochflächen, monolithische Felskuppen und abrupt abfallende Hänge mit kärglichem Bewuchs; in den Tälern werden auf Terrassenfeldern Oliven- oder Mandelbäume kultiviert. Auch das raue Klima des Maestrazgo fällt aus dem mediterranen Rahmen: Frostige Westwinde pfeifen im Winter über die Berge; im Sommer herrscht tagsüber trockene Hitze, nachts wird es oft ungemütlich kühl.

*Sant Mateu ⓭

2 Seite 61

Der *Maestre,* der Großmeister des Montesa-Ordens, von dem sich der Landschaftsname ableitet, hatte in Sant Mateu vom 14. bis zum 16. Jh. seinen Sitz. Die Ritter verstanden sich als Nachfolger des Templerordens, der im 12. und 13. Jh. als eine Art christliche Miliz abendländische Pilger und das Heilige Grab in Jerusalem vor »Ungläubigen« schützte. Im hart umkämpften Grenzland von Aragón bildeten die Monteser die ideelle und militärische Speerspitze der Reconquista; sie prägten die Dörfer ihres Stammlandes mit Burgen und Festungsmauern.

Die einstige Bedeutung der ehemals historischen Hauptstadt der Region (1800 Einw.) lässt sich nur mehr anhand ihrer Baudenkmäler nachvollziehen. Herrschaftlich wirken vor allem die zentrale **Plaza Mayor** mit ihren Säulengängen und dem kugelförmigen Brunnen Santa María sowie das Adelshaus **Palacio Villores** (16. Jh.; C. València). Die Fassade der **Pfarrkirche** (13. Jh.) trägt noch romanische Züge, während ihr großes Längsschiff (14. Jh.) in gotischem Stil erbaut wurde. Typisch für den ganzen Südosten Spaniens ist der achteckige Glockenturm aus dem 15. Jh.

Oficina de Turismo, Historiador Beti, 4 (am Rathaus), Tel. 964 41 66 58.

Mare de Deu, Ermita de los Angeles, Tel. 964 41 60 07. Rustikale Küche in renovierter Einsiedelei aus dem 16. Jh. ○○

Prähistorische Höhlen

2

Seite 61

Etwa 15 km südlich von Sant Mateu, zwischen den Dörfern Tírig und Albocácer, verbergen sich im **Barranco de la Valltorta** ⓮ (Valltorta-Schlucht) einige eindrucksvolle prähistorische *Höhlenmalereien (s. S. 63.). Auskünfte zur Besichtigung erteilt das Centro de Información in Tírig (Tel. 964 76 10 25).

Auch im **Barranco de Gasulla** ⓯ bei Ares del Maestre, einige Kilometer auf der CS-802 weiter westlich, sind in der ***Cueva Remigia** (3 km Fußweg von der Straße in die Gasulla-Schlucht) besonders schöne Beispiele solcher frühen Kunstwerke aus dem Jungpaläolithikum (8000–3000 v. Chr.) erhalten. Wegen der schlecht zugänglichen Gegend besichtigt man die stilisierten Jagdszenen am besten in Begleitung eines Führers (Nähere Information in Ares, Tel. 964 44 25 84).

D'Ares, Pl. Mayor, 4, Ares del Maestre, Tel. 964 44 30 07, Fax 964 44 30 16. Schön renoviertes Bauernhaus, 12 Zimmer, persönlicher Service und gute Küche. ○○

**Morella ⓰

Der Ort (3000 Einw.), dessen Bevölkerungszahl seit Jahrzehnten konstant abnimmt, hat sich sein mittelalterliches Erscheinungsbild innerhalb der 2,5 km langen Stadtmauern aus dem 14. Jh. weitgehend bewahrt. Die Häuserreihen drängen sich um einen 1070 m hohen Felskegel mit dem imposanten Kastell.

Vom Parkplatz am nordöstlichen Ortsrand betritt man die Altstadt durch die doppeltürmige Puerta de San Miguel. Im **Museo de Morella** (Pl. de San Miguel) sind Fossilienfun-

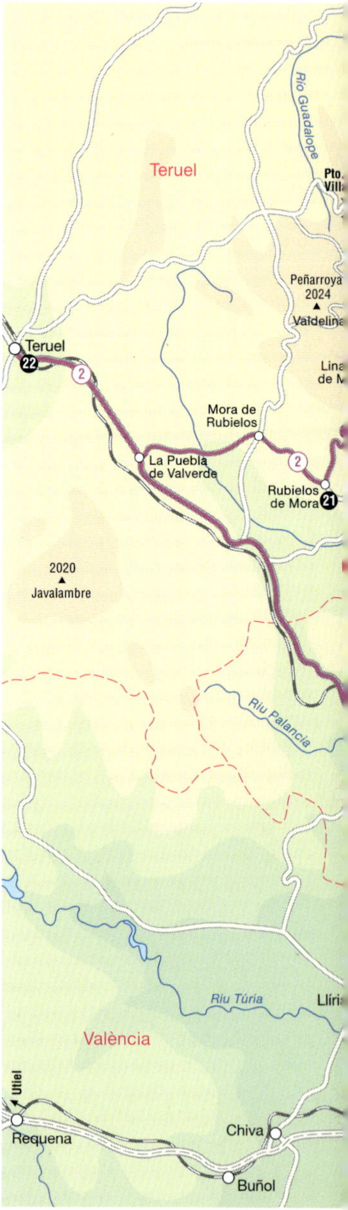

Alcañiz
Tarragona
Tarragona
Forcall
Morella
Els Ports
El Maestrazgo
Ulldecona
Alcanar
Mirambel
Cinctorres
Cantavieja
Pto. de las Cabrillas
1320
Portell de Morella
Vinaròs
La Iglesuela del Cid
Ares del Maestre
Sant Mateu
Cueva Remigia
Tírig
Cervera del Maestre
Benicarló
Pto. de Mosqueruela
1475
Villafranca
Barranco de Gasulla
Barranco de Valltorta
Peníscola
Mosqueruela
Albocácer
Alcalá de Xivert
Vistabella del Maestrazgo
Rambla de la Viuda
Castelló
Alcossebre
Penyagolosa
1814
Torreblanca
Prat de Cabanes-Torreblanca
Pto. El Remolcador
1018
Lucena del Cid
Vilafamés
Orpesa del Mar
Desert de les Palmes
Alcora
Benicàssim
Riu Millars
Castelló de la Plana
El Grau
Onda
Vila-real
Serra d'Espadàn
Nules
Burriana
Segorbe
la Vall d'Uixó
Coves de Sant Josep
Moncófar
Costa del Azahar
Illes Columbretes
Mittelmeer
Sagunt
El Port de Sagunt
El Puig
La Pobla de Farnals
Manises
Platja de Malvarrosa
València
Torrent
Touren 1 und 2
0
20 km
N

2

Seite 61

de aus der Umgebung und prähistorische Dioramen mit Dinosauriermodellen zu bewundern. Die sich anschließende Calle Juan Giner mündet in die von stämmigen Arkaden gesäumte Einkaufspassage ***Calle Don Blasco d'Alagón** (sonntags Markt). Außerdem sind entlang der Straße schönste Beispiele gotischer Zivilarchitektur zu entdecken, z.B. der ***Palacio Cardenal Ram** (heute Hotel) oder das **Rathaus.**

Die Arkadengänge öffnen sich westlich zur Plaza Colón, von wo sich ein herrlicher Rundblick über das Bergland und auf die mächtige Festung oberhalb der Stadt bietet. Über die ansteigende Calle Virgen de Vallivana gelangt man zur ****Iglesia Arciprestal Santa María la Mayor** (1343), einem der schönsten gotischen Gotteshäuser im Land València. Erbaut auf den Fundamenten einer Moschee, beeindruckt die Stiftskirche vor allem durch ihre skulpturgeschmückten Portale, die ****Puerta de los Apóstoles** und die **Puerta de las Vírgenes.** Im Innenraum führt eine reliefverzierte Wendeltreppe zum Hochchor mit der kostbaren Orgel (1717–1724 von Francisco Turull gebaut).

Zu den Schätzen des ***Museo Eclesiástico** (Eingang im Seitenschiff) zählen u. a. Francesc Ribaltas »Hl. Rochus« (16. Jh.), zwei gotische Altartafeln von Joan Reixac sowie einige wertvolle Codices aus dem 12.–14. Jh. (tgl. 11–14, 16.30–18 Uhr).

Von der Kirche führt ein Weg bergauf zur Plaza de San Francisco mit dem ehemaligen ***Kloster** (1272) gleichen Namens. Hinter den pittoresken Ruinen des Kreuzgangs beginnt der etwas anstrengende Aufstieg über steile Kehren zum halb verfallenen ****Castillo.** An der Festung bauten vor den Arabern und Valencianern bereits Iberer und Römer – schon um 2500 v. Chr. war Morellas Landkreis

Morella: Kreuzgang im alten Kloster und Blick zur Zitadelle

Els Ports besiedelt. Zu den Herren des Castillo zählten u. a. El Cid, der Reconquista-Feldherr Blasco d'Alagón und Karlistengeneral Cabrera, gefürchtet als »Tiger des Maestrazgo«. Dessen Truppen überrumpelten 1838 die Verteidiger der Burg auf hinterhältige Weise: Sie drangen nächtens durch die »fliegenden Aborte« (Plumpsklos in der Stadtmauer) ein. Schlicht atemberaubend ist die weite Sicht über Tafelberge und Terrassenfelder, vor allem vom höchstgelegenen Niveau der Zitadelle (tgl. 10–19 Uhr).

Oficina de Turismo, Pl. de San Miguel, s/n, Tel. 964 17 30 32.

Cardenal Ram, Cuesta Suñer, 1, Tel. 964 17 30 85, Fax 964 17 32 18, E-Mail: hotelcardenalram@ctv.es. Nostalgisch, in renoviertem Palast. ○○

Rey Don Jaime, Juan Giner, 6, Tel. 964 16 09 11, Fax 964 16 09 88, www.reydonjaimemorella.com. Freundlich und komfortabel. ○○

▮ **Fábrica de Giner,** Ctra. Zorita, km 4,5, Tel. 964 17 31 42, Fax 964 17 31 97. Eine ehemalige Weberei wurde zur komfortablen Unterkunft umgebaut, ideal als Ausgangspunkt für Wanderer. ❍❍

Tipp **Cases de Morella,** Pl. San Miguel, 3, Tel./Fax 964 17 31 17, E-Mail: cise@morella.net, vermittelt im Rahmen eines *turismo-rural*-Programms eine große Auswahl an Landhäusern (ab 4 bis 24 Personen).

Casa Roque, Cuesta San Juan, 1, Tel. 964 16 03 36. Spezialitäten *a la morellana,* z. B. getrüffeltes Lamm. ❍❍

▮ **Vinatea,** Blasco Alagón, 17, Tel. 964 16 07 44. Regionale Küche. ❍❍

Morella ist bekannt für dekorative Webkunst (Decken, Teppiche) sowie für Fossilien, Feinkost und herb-würzigen Honig.

Ausflüge – Wanderungen

Prähistorische Felsenmalereien nahe dem Gehöft Morella la Vella (10 km nordwestlich, auf teils ungeteertem Fahrweg zu erreichen) und Kirche ***Ermita de San Antonio,** malerisch an einem Felsabhang gelegen. Als Wanderung ca. 4 Std. ab/bis Morella. In der Nähe des Dorfes Zorita del Maestrazgo (16 km nördlich) befindet sich das in den Felsen hineingebaute Kloster ***Nuestra Señora de la Balma,** früher Wallfahrtsziel für »Besessene«.

2 Seite 61

Graffiti aus der Vorzeit

Bis zu 10 000 Jahre alt sollen die Felsenmalereien sein, die an rund 150 verschiedenen Orten der Levante entdeckt wurden. Dabei wirken einige der Steinzeitzeichen irritierend aktuell: Die Jägerfiguren in der Cueva Remigia bei Ares del Maestre (s. S. 60) beispielsweise erinnern an progressive Comics oder Graffitikunst à la Keith Haring und Harald Naegeli (»Der Sprayer von Zürich«).

Mit Speeren oder Pfeil und Bogen bewaffnet springen die stilisierten Gestalten an der Felswand Stieren, Wildschweinen oder Ziegen hinterher, fixiert mittels natürlicher Farbstoffe aus Eisenoxyd, Staub und Blut. Durch expressionistische Überzeichnung der Beine und Oberkörper entsteht oft ein unerwartet plastischer Eindruck von Dynamik und Bewegung, gelegentlich ähneln die wilden Strichmännchen sogar modernen Karikaturen.

Über die Motivation der Künstler wird viel spekuliert: Beschwörung von Tiergeistern, Jagdzauber, Botschaften für die Nachwelt, Trophäenkult? Verglichen mit den Kollegen von Altamira (bei Santander) oder Lascaux (Dordogne, Frankreich), deren weltberühmte Gemälde älter und naturalistischer sind, scheinen die levantinischen Frühkreativen jedenfalls spontaner und spielerischer gearbeitet zu haben – dafür spricht schon die weite Verbreitung der hiesigen Fundstellen. Alles weitere bleibt der Fantasie des Betrachters überlassen – vielleicht steckt ja selbst in manchem Touristen noch der Jäger und Sammler ...

2

Seite 61

Mittelalterliche Pueblos

*Forcall 17

Eine der schönsten kleinen Ortschaften (600 Einw.) der Region hat eine formvollendete ***Plaza Mayor** mit kompakten Säulengängen und majestätisch-schlichten Adelspalästen, z. B. dem ***Palau dels Osset,** erst 1994 geschmackvoll in die wohl gelungenste moderne Herberge des Maestrazgo umgewandelt, oder dem Rathaus aus dem 17. Jh.

Palau dels Osset, Pl. Mayor, 16, Tel. 964 17 75 24, Fax 964 17 75 56. Das behindertengerechte Dreisternehotel verfügt über 20 Zimmer. Zeitig reservieren! ❍❍

Mesón de la Vila, Pl. Mayor, 8, Tel. 964 17 11 25. Bodenständige regionale Küche. ❍❍

Auf Nebenstraßen (kaum Tankstellen!) durch die dünn besiedelten Hochlagen erschließt sich der landschaftliche Reiz des Maestrazgo am besten. Viele der archaisch anmutenden Bauernhöfe *(masías)* sind längst verlassen.

*La Iglesuela del Cid 18

Vorbei an den idyllischen Bergnestern Cinctorres und Portell de Morella erreicht man den 1320 m hohen Pass Puerto de las Cabrillas, der nun bereits auf aragonesisches Gebiet, nach Iglesuela del Cid (540 Einw.) führt. Von der Gegenwart scheinbar unberührt,

El Cid – Söldner und Volksheld

Keine historische Gestalt verkörpert besser die wechselvolle und wirre Geschichte der christlichen Reconquista als Rodrigo Díaz de Vivar, genannt El Cid (von arab. *sejjid,* Herr). 1043 im kastilischen Vivar bei Burgos geboren, verdiente er sich schon in jungen Jahren als Ritter den Ehrentitel *campeador* (»Kämpfer«). Trotz bester Beziehungen – der Cid war mit einer Nichte des christlichen Königs Alfonso VI vermählt – wurde er aufgrund höfischer Intrigen aus Kastilien verbannt. Mit seinem Fußvolk ließ sich der Geschmähte vom Reich Zaragoza anwerben, wo er für den muselmanischen Fürsten Mutamin selbst gegen Christen ins Feld zog. Auch dem maurischen Herrscher von Sevilla diente er zeitweise. Weil El Cid seinen ritterlichen Treueschwur nicht brechen mochte, bekriegte er aber niemals seinen einstigen Auftraggeber Alfonso. Dieser sah sich bald gezwungen, die Dienste des *campeador* wieder in Anspruch zu nehmen, drohten doch die Heere maurischer Almoraviden, Kastilien zu erobern. 1087 wurde der verlorene Sohn wieder aufgenommen, wofür er sich prompt mit der Befreiung Ostspaniens aus maurischer Gefahr revanchierte.

Im Maestrazgo erinnern einige Ortsnamen heute noch an den populären Recken. 1094 brachte er València unter seine Herrschaft und verteidigte es bis zu seinem Tod 1099. Als kurz darauf die Stadt gestürmt wurde, hatten einige Christen auf der Flucht bereits den Leichnam ihres Helden in Sicherheit gebracht; zusammen mit seiner Gattin ruht er nun in der Kathedrale von Burgos.

Mittelalterliche Säulengänge an der Plaza Mayor von Forcall

dämmert das kleine Pueblo vor sich hin. Im Zentrum steht das Rathaus *(Casa Villa)*, früher Burg des Templerordens.

Hospedería de la Iglesuela, Ondevilla, 14, Tel. 964 44 34 76, Fax 964 44 34 61, www.husa.es. Hoher Komfort in einem restaurierten Adelspalast des 18. Jhs. ○○○

Cantavieja ⑲ und Mirambel ⑳

Wer die Zeitreise ins Mittelalter verlängern möchte, sollte noch einen Abstecher (13 km) nach **Cantavieja** einplanen. Ein romanisches Rathaus aus dem 13. Jh. und die schöne Plaza Cristo Rey sind der Stolz des Orts. Alte Landhäuser und eine Barockkirche schmücken ***Mirambel** (28 km von Iglesuela del Cid), das Muster eines Maestrazgo-Dorfs.

Fonda Guimerá, Agustín Pastor, 10, Tel. 964 17 82 69. Kleiner Gasthof, regionale Küche. ○○
Buj, Av. Maestrazgo, 6, Cantavieja, Tel. 964 18 50 33. Hervorragende, kreative Küche mit eleganter Note. Nur mittags; reservieren! ○○

Über den Puerto de Linares

Die Strecke in Richtung Teruel führt zunächst via Mosqueruela über einen der höchsten spanischen Bergpässe,

Die Altstadt von Rubielos de Mora zur Siesta-Zeit: garantiert ohne Hektik

den Puerto de Linares (1720 m; 80 km von Morella). Rechter Hand zweigt die 9 km lange Zufahrt nach **Valdelinares** ab, wo im Winter die Skilifte an den Hängen der Peñarroya (2019 m) in Betrieb gehen. 42 km nach Iglesuela del Cid öffnet sich die Szenerie, und man hat bei Linares de Mora den Landkreis Mora erreicht. In dieser Region, geprägt von karger Vegetation und rauem, regenreichen Klima, werden vorwiegend Schafe gezüchtet.

*Rubielos de Mora ㉑

Die ummauerte Altstadt wurde wunderschön renoviert. Besonders sehenswert: das Gewölbe unter dem Stadttor ***Portal del Carmen** und das alte Karmeliterkloster mit seinem zweistöckigen Kreuzgang. Dass der spanische Faschismus längst nicht überall zu den Akten gelegt ist, beweist an der Plaza del Carmen eine auffällig polierte Ehrentafel für den Caudillo Franco, der hier im »Befreiungskrieg« 1938 mit seinen Truppen Quartier machte.

2
Seite 60

2

Seite 60

Oficina de Turismo, Pl. Hispano América, 1, Tel. 978 80 40 01.

Portal del Carmen, Glorieta, 2, Tel. 964 80 41 53, Fax 964 80 42 38. Regionale Küche in altem Gewölbe, im Sommer wird auch draußen aufgetischt; Gästezimmer. ❍❍

***Teruel ㉒

Die Hauptstadt (30 000 Einw.) der gleichnamigen Provinz, auf einem Felsplateau zwischen zwei Schluchten gelegen, gilt zu Recht als Glanzstück der Mudéjarbaukunst. Das Stadtgebiet am Riu Túria besiedelten bereits die Iberer, gefolgt von Römern (218 v. Chr.) und Arabern (um 800). Obwohl Alfonso II Teruel 1171 für die Christen zurückeroberte, konnten maurische Töpfer und Keramikkünstler unter dem Schutz weit reichender Sonderrechte zunächst noch unbehelligt ihrer Arbeit nachgehen. Die friedliche Koexistenz von Juden, Christen und Mudejaren (von *mudayyun,* »der Geduldete«) dauerte bis Ende des 15. Jhs., als im Namen der Inquisition Pogrome und Vertreibungen um sich griffen. 1486 flohen die Juden aus Teruel, 1502 schloss die letzte Moschee ihre Pforten.

Im Spanischen Bürgerkrieg, der in Teruel im Jahr 1938 zu grausamen Straßenkämpfen führte, wurden zahlreiche Baudenkmäler zerstört. Heute erstrahlt die alte Pracht jedoch wieder in neuem Glanz, sauber und originalgetreu restauriert.

Perlen des Mudéjarstils

Nachdem man das Auto am besten an einer der Ringstraßen um die Altstadt geparkt hat, beginnt ein Rundgang an der **Kathedrale Santa María.** Der grandiose *Glockenturm mit dem farbigen Kachelschmuck stammt aus dem Jahre 1257, die Kirche selbst geht auf einen romanischen Bau zurück, in den Ende des 13. Jhs. ein Dachstuhl aus Gebälk eingezogen wurde. Die Holzvertäfelung der Decke ist mit kunstvollen Gemälden und Schnitzereien dekoriert. Der Aufsatz auf dem Hochaltar des Franzosen Gabriel Joli (1538) zeigt Szenen aus dem Leben Marias im Stil der italienischen Renaissance. Vor dem Chor prangt ein schmiedeeisernes Gitter aus dem späten 15. Jh. Unter dem Kathedralturm hindurch gelangt man zum **Diözesanmuseum** mit einer stattlichen Kollektion gotischer Sakralkunst (Mo–Sa 10–14 Uhr).

Vom Vorplatz der Kathedrale aus führt die Calle de los Amantes, rechter Hand am Rathaus vorbei, direkt zur imposanten **Torre de San Martín** (1316). Der Turm am alten Stadttor nach Zaragoza besteht wie sein fast identischer »Zwilling« El Salvador quasi aus einem unsichtbaren Kern, um den wie eine zweite Haut ein weiterer Turm herumgebaut wurde. Dieses Prinzip geht auf die Struktur almohadischer Türme zurück, wie z. B. auch der Giralda in Sevilla.

Der Kachelschmuck der **Torre El Salvador** (ca. 1315) wirkt noch eine Spur raffinierter und kostbarer als derjenige seiner Nachbarn.

Ein weiteres Ensemble im Mudéjarstil, allerdings erst im 14. Jh. dem Vorbild der Kathedrale nachempfunden, kann man in der Calle Hartzembusch bewundern: Auch die ***Iglesia San Pedro** samt Kreuzgang und Glockenturm ist mit einem raffinierten maurischen Ornamentteppich überzogen. Im Inneren verdient neben dem Altar

Torre de San Martín, Teruel

2

Seite 60

von Gabriel Joli in der Capilla de los Médicos das *Mausoleo de los Amantes de Teruel besondere Beachtung.

*Museo Provincial

Das in einem Stadtpalais (16. Jh.) untergebrachte Provinzmuseum (Pl. Fray Anselmo Polanco) präsentiert archäologische und volkskundliche Exponate, vor allem aber beschreibt die Keramikabteilung verschiedene Techniken der traditionsreichen Azulejos-Produktion. Bis in die Gegenwart ist die Herstellung von Keramikware für Teruel ein bedeutender Wirtschaftsfaktor (Di–So 10–14 Uhr, Di–Fr 16–19 Uhr; Mo und Fei geschl.).

*Plaza del Torico

Der zentrale Platz der Altstadt ist die Plaza del Torico (auch *Pl. Carlos Castel*), wo einige schöne modernistische Fassaden ein Kontrastprogramm zum Mudéjarstil bieten. Detailverliebt und verspielt wirken auch die Jugendstilbauten in der parallel zur Calle El Salvador verlaufenden ***Calle Nueva.**

Los Amantes de Teruel

Das Alabaster-Grabmal in der Iglesia San Pedro von Juan Avalos (20. Jh.) ehrt eines der bekanntesten tragischen Liebespaare Spaniens: Diego de Marcilla, Spross einer verarmten Adelsfamilie, verliebte sich im 13. Jh. in Isabel de Segura, deren reichen Eltern die Verbindung nicht dulden wollten. Diego, der nach fünf Jahren als gemachter Mann aus der Fremde zurückkehrte, kam einen Tag zu spät: Die Angebetete war frisch vermählt. Erst der Tod vereinte die beiden Liebenden.

Die Mudéjarperle Teruel überrascht mit schönen Jugendstilpalästen

Plaza de San Juan und *Paseo Óvalo

Um die streng klassizistische Plaza de San Juan gruppieren sich die Regierungs- und Justizgebäude der Provinz. Den südwestlichen Abschluss der Altstadt bildet die Terrasse des reizvollen Paseo Óvalo – nicht nur am Abend beliebtester Treffpunkt Teruels.

i **Oficina de Turismo,** Tomás Nogués, 1, Tel. 978 60 22 79.

Bahnhof/Busbahnhof: Estación, s/n, Tel. 902 24 02 02.

Reina Cristina, Óvalo, 1, Tel. 978 60 68 60, Fax 978 60 53 63, www.gargallo-hotels.com. Am Rand der Altstadt, recht komfortabel. ○○○
▮ **Parador de Teruel,** Ctra. Zaragoza, s/n, Tel. 978 60 18 00, Fax 978 60 86 12, www.parador.es. Modernes Haus; etwas außerhalb. ○○○
▮ **Civera,** Av. Sagunto, 37, Tel./Fax 978 60 23 00, www.gargallo-hotels.com. Solide Mittelklasse. ○○
▮ **Oriente,** Av. Sagunto, 5, Tel. 978 60 15 50, Fax 978 60 10 64.

Unterwegs im stillen Grenzland zwischen Aragón und València

Zentrumsnah, 39 Zimmer, vor kurzem renoviert. ❍❍

Ambeles, Ronda Ambeles, 6, Tel. 978 61 08 06. Deftige aragonesisch-kastilische Küche. ❍❍
▮ **Mesón Óvalo,** Óvalo, 8, Tel. 978 60 98 62. Beliebte Bierkneipe, gute Tapas. ❍

Bars und Pubs finden sich in den Straßen San Esteban und Avenida Sagunto, z. B. **Nebraska, Café Central, Marx.**

Jamones Rokelin, Joaquín Costa, 33, verkauft Teruels bekannte Schinken- und Wurstwaren (würzig: *longaniza*).

Zurück nach València

Die Rückfahrt ans Meer (N-234, 160 km bis València) führt schnurgerade durch verlassene Weiler und vorbei an verfallenen Höfen auf rostroten, eisenhaltigen Böden. Gelegentlich tauchen am Straßenrand große Schinkenlager auf, in denen Schweinekeulen aus Aragón an der Luft trocknen. An der Raststation **Venta del Aire** hat man Gelegenheit zu einer Kostprobe.

Tour 3

¡Vamos a la playa!

****València → *Gandia → *Dénia → *Xàbia → Calp → *Altea → Benidorm → Santa Pola → Guardamar del Segura → Torrevella → *Mar Menor (270 km)**

3

Seite 83

Außerhalb Spaniens genießen sie nicht den allerbesten Ruf: Die Badeorte zwischen València und dem Mar Menor müssen nicht selten als abschreckende Beispiele für »Tourismus brutal« herhalten. Versöhnlicher stimmt aber doch die Wirklichkeit, der man auf der drei- bis viertägigen Autotour begegnet. Tatsächlich schwellen zwar die Bevölkerungszahlen von Benidorm, Cullera oder La Manga in der Hochsaison bis auf das Zehnfache an, aber trotz des Massenansturms bleiben Wasser und Sand meist erstaunlich sauber, die Stimmung heiter und freundlich. Und wer zwischendurch von Luftmatratze oder Liegestuhl lassen mag, kann noch dazulernen: Auch hier locken lebendige Geschichte, typische Küche und malerische Altstädte – gleich hinter der Playa!

Von València über die Stadtautobahn bis nach El Saler. Von dort führt die Küstenstraße vorbei an der Lagune L'Albufera (s. S. 42) und durch ein Spalier aus Schilfrohrzäunen vor Reisfeldern und kleinen Orangengärten.

Cullera ㉓

Der moderne Urlaubsort (20 000 Einw.) liegt an einer weiten Sandbucht, begrenzt vom Leuchtturm am nördlichen Cabo Cullera und von der Mündung des Río Júcar im Süden. Dazwischen findet man alles, was den Badeaufenthalt erst richtig schön macht: Bars, Fischlokale, Hähnchengrills, Eisdielen, Supermärkte und Diskotheken. Meilensteine monumentaler Hässlichkeit setzen strandwärts zwei Wohnpyramiden, während das alte Fischerdorf, Barri del Pou genannt, wenig Beachtung findet. Dort schlängelt sich ein Kreuzweg den Burgberg hinauf, wo Reste des maurischen Castillo aus dem 8. Jh. und eine schöne Aussicht zu bewundern sind.

3

Seite 83

Oficina de Turismo, Carrer del Riu, 38, Tel. 961 72 09 74, Fax 961 72 66 89.

Bahn-/Busverbindungen: València, Alicante.

Santa Marta, Av. del Racó, 52, Tel. 961 73 80 29, Fax 961 73 29 95. 1999 eröffnetes modernes Haus am Strand. ○○
▮ **Carabela II,** Av. Diagonal del País Valencià, 41, Tel. 961 72 40 70. Zentral, mit Cafetería im Haus, preiswert. ○○
Camping: **Santa Marta,** Carretera al Faro (N-333), s/n, Tel. 961 72 14 40.

Les Mouettes, Subida al Castillo, s/n, Tel. 961 72 00 10. Schöne Lage über dem Dorf, französisch-spanische Küche. ○○○
▮ **Casa Salvador,** L'Estany de Cullera, s/n, Tel. 961 72 01 36. Valencianische Spezialitäten an einer Lagune. ○○
▮ Viele weitere populäre **Fischrestaurants** (teils mit Livemusik) säumen die Strandpromenade.

Pubs an der Calle Barcelona: **Chelsea, Space, Ruta 76;** **Disko:** **Number One,** Pl. Mongrell.

Sand und Sonne: das wichtigste Kapital der spanischen Levante

*Gandia ㉔

Der Ort (59 000 Einw.) war einst Hauptstadt eines Herzogtums, das sich ab 1485 im Besitz des Adelsgeschlechts Borja (ital. Borgia) befand. Im historischen Zentrum liegt der wunderschöne ***Palacio Ducal** (C. Sant Duc), das Borja-Stammhaus. In dem heutigen Jesuitenkolleg kam 1510 der rund 100 Jahre nach seinem Tod heilig gesprochene Francesc de Borja zur Welt. Der heutige Schutzpatron Gandias begann seine Karriere lokal als Herzog, danach stieg er auf zum Vizekönig von Katalonien und wurde schließlich zum Ordensgeneral der Jesuiten berufen. Francescs Verwandte, allen voran Papst Alexander VI. (s. S. 86) sowie dessen Sprösslinge Cesare und Lucrezia erwarben sich in Italien bekanntlich einen weniger frommen Ruf.

Die Räume des Palasts aus dem 16. und 17. Jh. – besonders schön ist die barocke **Galería Dorada** – können im Rahmen von Führungen besucht werden (Mo–Sa 11–12, 16.30–17.30, im Sommer 18–19 Uhr).

Sehenswert ist auch das neoklassizistische **Rathaus** *(Ajuntament)* aus dem Jahr 1778. Den Platz davor, die Plaça de la Constitució, schmückt die Statue des hl. Francesc de Borja;

er hat die alte Universität gegründet. Am selben Platz steht auch die Stiftskirche ***La Colegiata** (16. Jh.) mit ihren zwei gotischen Portalen. Das ehemalige Hospital de Sant Marc (spätes 14. Jh.; C. Hospital) soll nach seiner Renovierung die interessante Sammlung des städtischen **Archäologischen Museums** aufnehmen.

Attraktive Strände und eine vielseitige Infrastruktur für Badeurlauber bietet die **Platja de Gandia** (4 km). Den für den Orangenexport bedeutenden Hafen sollte man am späten Nachmittag besuchen, wenn die Fischerbarken schwer beladen einlaufen. Die frischen Seebarben, Garnelen und Langusten kommen werktags ab 17.15 Uhr unter lautstarkem Feilschen der Händler in der Versteigerungshalle unter den Hammer.

Die gotische Stiftskirche La Colegiata in Gandia

3

Seite 83

Oficina de Turismo, Av. Marqués de Campo, s/n, Tel./Fax 962 87 77 88; Passeig Marítim Neptú.

Bahnverbindungen: València, Alicante.
Busverbindungen: València, Alicante, Xàtiva, Barcelona u. a.

Bayren I, Passeig Marítim Neptú, 62, Tel. 962 84 03 00, Fax 962 84 06 53, www.hotelesbayren.com. Am Meer, in der Saison mit Tanz. ○○○
▮ **Borgia,** Av. República Argentina, 5, Tel. 962 87 81 09, Fax 962 87 80 31. Modern und komfortabel, im Zentrum. ○○
▮ **La Casa Vieja,** Horno, 4, Rugat (12 km von Gandia), Tel./Fax 962 81 40 13, www.Lacasavieja.com. Charmantes kleines Landhotel fernab allen Trubels. ○○
Camping: L'Alquería, Ctra. Gandia–Playa de Gandia, km 2, Tel. 962 84 04 70.

La Gamba, Ctra. Nazaret–Oliva, s/n, Playa de Gandia, Tel. 962 84 13 10. Ambitioniertes Fischlokal mit Terrasse. ○○○
▮ **Mesón de los Reyes,** Mallorca, 39, Tel. 962 84 00 78. Bodenständige Küche; Spezialität: Nudelpaella *(fideuà de Gandia)*. ○○
▮ Viele weitere Restaurants reihen sich am 2,5 km langen **Passeig Marítim** entlang, wo im Sommer auch reges **Nachtleben** pulsiert.

Oliva ㉕

Die letzte Stadt (20 715 Einw.) vor der Provinzgrenze zu Alicante, besitzt keine besonderen Sehenswürdigkeiten. Die einzige Attraktion ist der feinsandige Badestrand, gesäumt von zahlreichen Campingplätzen.

Oficina de Turismo, Lluis Vives, s/n, Tel. 962 85 55 28, Fax 962 83 97 72, www.tourist-oliva.com.

*Dénia ㉖

Die 30 000 Einwohner zählende Stadt am Nordende der Costa Blanca erstreckt sich zu Füßen des 753 m hohen Montgó und blickt auf eine jahrtausendealte Geschichte zurück. Iberer, Griechen, Römer und Araber siedelten hier bereits. Der Ortsname erinnert vermutlich an einen Dianatempel. Trotz der touristischen Bedeutung Dénias übt die Altstadt um das auf einem Felsen thronende **Castillo** noch immer einen gewissen Reiz aus.

Auf dem Spaziergang durch die engen Gassen des ehemaligen Fischerviertels ***Baix la Mar,** idyllisch zwischen Meer und Festung gelegen, passiert man hübsch herausgeputzte Häuschen, altmodische Straßenlaternen und rustikale Terrassencafés. Der Besuch des Burgbergs lohnt nicht nur wegen des schönen ***Rundblicks,** sondern auch weil das ***Museu Archeològic** einen aufschlussreichen historischen Überblick gibt (tgl. 10–13, 17 bis 20 Uhr, im Winter 15.30–18 Uhr).

3 Seite 83

Tipp Die besten Badebuchten liegen südlich der Stadt am felsigen Küstenabschnitt **Les Rotes** (auch FKK); im Norden ist das Wasser flacher und der Untergrund sandiger, beispielsweise an der **Platja Les Marines** und an der **Platja Les Deveses.**

Oficina de Turismo, Pl. Oculista Buigues, 9, Tel. 966 42 23 67, Fax 965 78 09 57.

Bahnverbindung: Alicante (Schmalspurbahn), Jorge Juan, s/n, Tel. 965 78 04 45.
Busverbindungen: València, Alicante, Barcelona u. a.
Fährverbindungen: Ibiza (Dauer der Überfahrt: ca. 4 Std.), Formentera (Línea Pitra, Tel. 966 42 28 20); Ibiza, Formentera, Mallorca (Línea Flebasa, Tel. 965 78 42 00).

Rosa, Congre, s/n, La Marina, Tel. 965 78 15 73, Fax 966 42 47 74. Freundliche Anlage in Strandnähe. ○○
La Racona, Ctra. Les Rotes, 76, Tel. 965 78 79 60, Fax 965 78 78 61, www.hotel-Laracona.com. Kleines Strandhotel mit Pool und Garten; auch Appartements. ○○
Romano, Av. del Cid, 3, Tel. 966 42 17 89, Fax 966 42 29 58, www.ctv.es/dei/hotelromano. Originelles Hotel in der Altstadt, früher Dienststelle der Guardia Civil. ○○
Camping: Los Llanos, Ctra. N-332, km 203, Tel. 965 75 51 88.

El Poblet, Ctra. Les Marines, km 3, Urb. El Poblet, Tel. 965 78 41 79. Eines der feinsten Gourmetlokale der Region, exzellente Fisch- und Reisküche. ○○○
Gavilá, Marqués de Campos, 55, Tel. 965 78 10 66. Dénias Klassiker, über 100 Jahre alt. Tipp: das Reisgericht *arròs à banda* bestellen. ○○
El Raset, Bellavista, 7, Tel. 965 78 50 40. Am Fischerhafen; die Lage ist Programm. ○○

Im Sommer lohnt sich ein Nachtspaziergang zum Castillo

Riu-Ráus

Typisch für den Landstrich um Dénia und Xàbia *(La Marina Alta)* sind die *riu-ráus,* rustikale Bauernhäuser mit einem überdachten Säulengang vor dem Eingang. Hier reifen Moscatel-Trauben heran, die zu Rosinen verarbeitet werden.

(Bis 0.30 Uhr geöffnet; freitags wird Livemusik geboten).
Bars und **Pubs** am Hafen.
Diskos: Pachá, Maná Maná (beide Ctra. Las Marinas), **Imperial** (Ctra. Xàbia).

Der **Wochenmarkt** findet immer montags an der Plaça Jaume I statt.

Tipp Ausflüge: Kombitour mit der Bahn und dem Charterboot »Ifach« nach **Calp,** Sa ca. 11–21 Uhr. **Safaripark Vergel** mit Delphinshow.

*Xàbia ㉗

Die Stadt (14 000 Einw.) zeichnet sich durch ihre attraktive Lage zwischen den Felsenkaps San Antonio und de la Nau aus. Dazwischen boten versteckte Buchten wie Granadella, Pope oder Ambolo im Mittelalter ideale Schlupfwinkel für Korsaren und Schmuggler; heute sind sie bevorzugte Reviere der Sonnenanbeter, Taucher und Nudisten.

Besuchenswert ist die verwinkelte Altstadt: Die festungsartige gotische Pfarrkirche ***San Bartolomé** (15. Jh.) diente unverkennbar nicht nur als Gotteshaus, sondern auch als Zuflucht vor Piraten.

Ebenso ungewöhnlich wirken die Formen der **Iglesia Santa María de Loreto:** Der Betonbau (1967) wurde dem Rumpf eines Fischerkahns nachempfunden. Objekte aus phönizischer, iberischer und römischer Zeit zeigt das ***Museo Etnográfico »Soler Blasco«** bei der Kirche San Bartolomé (tgl. 10–13, im Sommer auch 17 bis 20 Uhr).

i **Oficina de Turismo,** Pl. de la Iglesia, 6, Tel. 965 79 43 56. Am Strand: Playa Arenal, Urb. La Plaza, Tel. 966 46 06 05. Am Hafen: Almirante Bastarreche, 24, Tel. 965 79 07 36.

Auffällige Architektur: Die Loreto-Kirche in Xàbia ist ein Blickfang

Parador Costa Blanca, Playa Arenal, 2, Tel. 965 79 02 00, Fax 965 79 03 08, www.parador.es. Am Meer, schöner Garten. ○○○

▮ **Villa Mediterránea,** León, 5, Ctra. Xàbia–Jesús Pobre, Tel. 965 79 52 33, Fax 965 79 45 81, www.hotelvillamed.com. Wunderschönes, familiäres Nobelhotel (10 Zimmer) in prächtiger Lage. ○○○

▮ **El Rodat,** Ctra. Cap de la Nau, s/n, Tel. 966 47 07 10, Fax 966 47 15 50, www.elrodat.com. Bungalows mit komplettem Hotelservice, 900 m vom Strand. ○○

▮ **Miramar,** Almirante Bastarreche, 12, Tel. 965 79 01 00. Zentral gelegen, freundliche Atmosphäre. ○○

El Negresco, Ctra. Cap de la Nau, km 3, Tel. 966 46 05 52. Französische und internationale Küche, elegant. ○○○

3

Seite 83

▮ **Oli Garum,** Las Barcas, 9, Tel. 966 46 17 14. Fisch und Fleisch. ○○

Kneipen und **Bars:** am **Strand** und in der **Urbanización El Tosalet.**
Diskos: **Moli Blanc, La Hacienda.**

Tipp **Wandern:** Auf den **Montgó** (Naturschutzgebiet), 10 km, ca. 5 Std. Gehzeit, anstrengend! Von der Playa de la Granadella zum alten **Castell de la Granadella,** 3 km, ca. 2 Std.

3

Seite 83

Südlich von Xàbia

Zum ***Cap de la Nau** führt eine kurvige, reizvolle Nebenstraße; vom Kap selbst (mit Leuchtturm und Ausflugslokal) ergibt sich eine prächtige Aussicht über Meer und Steilküste. Die Doppelgemeinde **Teulada-Moraira** ㉘, bis vor zwanzig Jahren noch ein winziges Fischernest, besteht heute größtenteils aus Ferienwohnungen. Eine Burg und ein Wehrturm am Cap d'Or erinnern an die Geschichte des Ortes, der bei deutschen Gästen besondere Beliebtheit genießt.

Centro Comercial Kristal Mar, Büro Nr. 11, Ctra. Moraira–Calpe, Tel. 965 74 51 68.

Swiss Hotel Moraira, Urb. Club Moraira, Haya, 173, Tel. 965 74 71 04, Fax 965 74 70 74. Hübsches, kleineres Urlaubsdomizil. ○○○

Calp ㉙

Die im Wortsinne herausragende Attraktion von Calp (14 300 Einw.) ist der ***Penyal d'Ifac** (span. *Peñón del Ifach*), ein 332 m hoher Felsklotz auf einer vorgelagerten Halbinsel. Der Monolith vulkanischen Ursprungs steht unter Naturschutz. Zu seinen Füßen informiert eine *Aula de Naturaleza* über ökologische Themen; z. B. existieren auf dem Felsen Wanderfalken- und Möwenkolonien. Ein Tunnel führt zum Aufstieg auf den Gipfel, den trittsichere Wanderer mit festen Schuhen in einer Stunde bewältigen (herrliche Aussicht).

Die Altstadt um den restaurierten Wehrturm Torreó de la Peça existierte bereits als phönizische Handelsbasis, steht jedoch heute hinter der gleichförmigen Betonmeile am Strand auf verlorenem Posten. Die beliebtesten Badeplätze sind Playa de la Fossa und Arenal-Bol.

Oficina de Turismo, Av. de los Ejércitos Españoles, 66, Tel. 965 83 69 20, Fax 965 83 85 31.
▮ Altstadt: Pl. del Mosquit, s/n, Tel. 965 83 85 32, Fax 965 83 85 31.

Bahn-/Busverbindungen: Alicante, Dénia, València.

Galetamar, La Caleta, 28-A, Tel. 965 83 23 11, Fax 965 83 31 84. Sechsstöckiger Bau, strandnah gelegen. ○○○
▮ **Roca Esmeralda,** Ponent, 1, Tel. 965 83 61 01, Fax 965 83 60 04. Modernes Haus mit Pool und Disko. ○○
▮ **Venta la Chata,** Ctra. N-332, km 149, Tel./Fax 965 83 03 08. Ehemalige Poststation, gemütlich; nicht nur für die Durchreise. ○○
Camping: **Ifach,** Ctra. Calpe–Moraira, km 5, Tel. 965 83 04 77.

La Cambra, Delfín, s/n, Edificio Damara II, Tel. 965 83 06 05. Baskisch-französische und regionale Küche. ○○

Los Zapatos, Santa María, 7, Tel. 965 83 15 07. Spanische und internationale Küche, beliebt bei den Dauergästen aus Mitteleuropa. ○○

La Unión, Partida de Benicuco, 1, Tel. 965 83 22 24. Preiswerte Tapas-Bar. ○

Tipp **Ausflug:** Per Boot rund um den Penyal und in die Badebuchten, im Sommer tgl. außer Di ab Calp-Hafen.

*Altea ㉚

An der Costa Blanca gilt Altea (14 000 Einw.) als Ort der Künstler und Bohèmiens. Die an einem steilen Berghang angelegte Altstadt erscheint malerisch und ursprünglich. Von ganz oben, der ***Plaça de la Església** (Kirche Virgen del Consuelo mit blauer Ziegelkuppel) genießt man einen herrlichen Blick über das Meer und bekommt zugleich einen Vorgeschmack auf die Silhouette des nahen Klein-Manhattan Benidorm. Altea hat einen Jachthafen mit eigener Werft. Zum Baden gut geeignet sind die Strände Cap Negret, Playa del Albir (Richtung Benidorm) und La Roda.

Oficina de Turismo, Sant Pere, 9, Tel. 965 84 41 14, Fax 965 84 42 13.

Meliá Altea Hills Resort, Urb. Altea Hills, Tel. 966 88 10 06, Fax 966 88 10 24, www.solmelia.com. Luxus in den Bergen oberhalb von Altea. ○○○

Altaya, Sant Pere, 28, Tel. 965 84 08 00, Fax 965 84 06 59. Nettes, kleineres Haus an der Hafenpromenade. ○○

Camping: Cap Blanch, Playa del Albir, Tel. 965 84 59 46.

In der hübschen Altstadt von Altea haben sich viele Maler und Galeristen angesiedelt

El Negro, Santa Bárbara, 4, Tel. 965 84 18 26. Weiß getünchtes Altstadthaus; Fleisch und Fisch vom Grill, herrliche Sicht von der Terrasse. ○○

Miramar, La Mar, 1, Tel. 965 84 04 35. Nettes Tapas-Lokal am Jachthafen. ○○

An Sommerabenden findet vor der Kirche ein **Kunsthandwerksmarkt** statt. Dienstags ist **Wochenmarkt** am Paseo Marítimo.

Tipp Ausflug nach **Cactuslandia,** Urb. La Galera del Mar, Ctra. N-332, km 163, Tel. 965 84 22 18. Kakteenpark, exotische Vögel.

In die Sierra

Die wohl populärste Tagestour von der Küste führt von Altea zunächst über dessen einstigen Ortskern Altea La Vella (2 km) hinauf nach **Callosa** ㉛,

3

Seite 83

einem Bergbauerndorf. Dort bieten die Sierras de Aitana (1558 m) und Bèrnia (1129 m) im Sommer einen ruhigen und kühlen Kontrast zum hektischen Treiben am Meer. Von der C-3318 (Richtung Pego) zweigt 1,5 km nach Callosa rechter Hand ein Fahrweg zum idyllischen Wasserfall ***Fonts de L'Algar** ab, ein hübsches Plätzchen für ein romantisches Picknick.

Durch einen in den Kalkstein geschlagenen 15 m langen Tunnel betritt man das winzige Festungsdorf ****Guadalest** ㉜ (177 Einw.), das heute von rund 2 Mio. Besuchern im Jahr nahezu überrannt wird. Der Rundblick von der Plaza über Terrassenfelder, imposante Sierras und einen grün leuchtenden Stausee ist einmalig. Als ein Wahrzeichen der ganzen Provinz Alicante gilt der weiße *Glockenturm der Kirche La Asunción, der vorwitzig auf einer Felszinne thront.

Zurück zur Küste empfiehlt sich die Alternativstrecke via **Polop** *(castillo)* und **La Nucia,** vorbei an Oliven- und Orangenhainen.

L'Alfàs del Pi ㉝, 5 km südlich von Altea, liegt inmitten schattiger Pinienforste etwas abseits der Küstenlinie. Von den 10 000 Einwohnern stammen nahezu zwei Drittel aus Mittel- und Nordeuropa, weshalb örtliche Tourismuswerber gerne vom *pueblo internacional* sprechen.

3

Seite 83

i **Oficina de Turismo,**
Federico García Lorca, 11,
Tel. 965 88 82 65, Fax 965 87 71 12.

Benidorm ㉞

An der etwas in die Jahre gekommenen Touristenhochburg (50 000 Einw., im Sommer bis zu 350 000) mit zwei langen Sandstränden und rund 150 Hotels, die seit ca. 1960 aus dem Boden gestampft wurden, scheiden sich nach wie vor die Geister. Dem einen gilt sie als »kompletteste Ferienstadt Spaniens«, den anderen plagen Alpträume vom bloßen Hinsehen. Für Entertainment jedenfalls ist rund um die Uhr gesorgt.

Einige nette Tapas-Kneipen gibt es noch in der »Altstadt«, die ansonsten kaum mehr als eine matte Reminiszenz an vergangene Zeiten darstellt.

Das klassische Panorama über die gesamte Skyline kann man am besten vom Aussichtspunkt ***Rincón de Loix,** einem Felskap oberhalb der breiten Playa Levante, genießen. Im Ortszentrum sorgt der hübsche Parque de la Aigüera, in den ein modernes Amphitheater von Ricard Bofill integriert ist, für etwas Grün.

i **Oficina de Turismo,**
Av. Martínez Alejos, 6,
Tel. 965 85 13 11, Fax 965 85 59 39.

Bahnhof: Schmalspurbahn Dénia–Alicante, Tel. 966 80 85 21.
Busbahnhof: Av. Europa, 8, Tel. 966 80 39 55. València, Alicante, Guadalest, Alcoi u. v. a.

Agir, Av. del Mediterráneo, 11, Tel. 965 85 51 62, Fax 965 85 89 50, hotelagir.com. Strandnah, zentral und komfortabel. ○○○

Selomar, Virgen del Sufragio, s/n, Tel. 965 85 52 77, Fax 965 85 44 14. Nahe der Altstadt und direkt am Meer, ein bisschen altmodisch. ○○○

Les Dunes Comodoro, Av. Madrid, Playa Levante, Tel. 966 80 32 16, Fax 966 80 16 12. 23-stöckiges Appartementhaus mit Pool, an der Uferpromenade. ○○

Sirena, Av. Jaime I, 9, Tel./Fax 965 85 07 44. Ordentlich und funktional, relativ günstig. ○○

Benidorm: das »Klein-Manhattan« der Costa Blanca

▮ **Hostal San Pol,** Santa Faz, 44, Tel. 965 85 12 02. Im alten Zentrum, bescheiden und billig. ❍
Camping: Villasol, Av. de l'Admiral Bernat de Sarria, s/n, Tel. 965 85 04 22. Gepflegter Platz, 1. Kat.

Tiffany's, Av. Mediterráneo, 51, Tel. 965 85 44 68. Internationale und spanische Küche bei Pianoklängen. ❍❍❍
▮ **La Palmera,** Av. Dr. Severo Ochoa, 48, Tel. 965 85 32 82. Populär, Spezialität: Reisgerichte. ❍❍
▮ **Ulia,** Paseo Marítimo, s/n, La Cala, Tel. 965 85 68 28. Fisch und Paella am Strand. ❍❍
▮ **El Llandero,** Av. Andalucía, s/n, Tel. 965 85 34 75. Abseits des Trubels hoch über Benidorm gelegen, regionale Spezialitäten. ❍❍

Benidorm Palace, Ctra. Diputación, s/n, Tel. 965 85 16 60, Dinnershows im Glitzerlook (Reservierung empfohlen).

Musikpubs: entlang der Playa Levante.
Diskos: KM, Pachá, Penélope, alle Av. Communitat Valencià, gigantische Tanzpaläste.

Tipp Ausflüge zur vorgelagerten **Islote de Benidorm,** im Sommer von 10–17 Uhr stündlich Boote ab dem Hafen; auch mit Glasbodenboot; Tel. 965 85 00 52.
▮ **Limón Express:** Panoramazug Di–Sa ab 9.35 Uhr in Richtung Dénia nach Gata de Gorgos (Korbwaren- und Gitarrenherstellung); Tel. 966 80 31 03.
▮ **Aqualandia** (Wasservergnügungspark) mit benachbartem Zoo, Delfinshows.
▮ **Cuevas de las Calaveras:** Tropfsteinhöhlen bei Benidoleig (10 km nordwestlich von Gata).

La Vila Joiosa ㉟

Wörtlich übersetzt heißt La Vila Joiosa (22 000 Einw.) »fröhliche Stadt«. Eher ärgerlich werden viele Autofahrer, weil sie in dem Ort an der N-332 meist im Stau stehen. Das alte Fischerviertel etwas abseits der Fernstraße ist bekannt für seine in leuchtenden Farben

Tipp: Die Disko-Bahn

Nachtschwärmer können an der Costa Blanca ihr Auto getrost in der Garage lassen: Im Sommer verkehrt zwischen Alicante und Altea der *trensnochador* (tren = »Bahn«; trasnochar = »die Nacht durchmachen«). Von 21 bis 7 Uhr morgens hält der fidele Bummelzug an den meisten Szenestränden und Diskotheken entlang der Strecke.

3
Seite 83

getünchten, würfelförmigen Häuser, umgeben von den Resten einer historischen Stadtmauer. Schöne Badeplätze sind die Playas Paraís, Bol Nou und La Caleta.

Oficina de Turismo, Costera de la Mar, s/n, Tel. 966 85 01 08.

El Montíboli, Partida Montíboli, s/n, Tel. 965 89 02 50, Fax 965 89 38 57, www.servigroup.es. In maurisch inspiriertem Stil auf einem Felsen erbaut; 2 Pools, geschützter Strand: eines der schönsten Hotels der Costa Blanca. ○○○

3
Seite 91

Hogar del Pescador, Av. País Valencià, 33, Tel. 965 89 00 21. Fisch und Meerestiere. ○○

Casino Mediterráneo, Partida de Torres, s/n, Tel. 965 89 07 00. Spielkasino mit Büffet-Restaurant.
▮ **El Marjachi,** Colón, 72. Originelle mexikanische Bar.

La Vila Joiosa gilt als Schokoladenstadt. Kostprobe und Verkauf der Süßigkeiten z. B.: **Chocolatería Clavileño,** Colón, 187.

Santa Pola ㊱

Im Ortskern überraschen zahlreiche Hinweise auf die lange Geschichte von Santa Pola (18 000 Einw.), des ehemaligen Portus Illicitanus, wie der römische Hafen von Elx einst hieß. An der Plaza del Castillo ist in der Festung (16. Jh.) das **Museo Arqueológico, Pesquero y Acuario** untergebracht, in dem man iberisch-römische Fundstücke sowie Objekte zu Fischerei und Volkskunde gezeigt werden. Reste eines römischen Hauses mit restauriertem Bodenmosaik kann man in der **Casa Romana del Palmeral** (Av. Ramón y Cajal) besichtigen.

Leuchtende Farben, mediterranes Lebensgefühl: La Vila Joiosa

Im nahen Feuchtgebiet Salinas de Santa Pola, das unter Naturschutz steht, machen Zugvögel Station.

Tipp Vom Hafen fahren halbstündlich Ausflugsboote zur vorgelagerten **Illa de Tabarca.** Die saubersten Badeplätze liegen südlich der Stadt hinter den Sanddünen von La Marina.

Oficina de Turismo, Pl. de la Diputación, s/n, Tel. 966 69 22 76, Fax 965 41 46 51.

Busverbindungen: Alicante, Elx, Cartagena u. a.

Polamar, Astilleros, 12, Tel. 965 41 32 00, Fax 965 41 31 83, E-Mail: polamar@accesoris.es. Direkt an der Playa de Levante, ordentlich. ○○
▮ **Patilla,** Elx, 29, Tel. 965 41 10 15, Fax 965 41 52 95. Einfach, zentral. ○○
Camping: Rocas Blancas, Ctra. N-332, km 88, Tel. 965 41 64 66.

Batiste, Av. Pérez Ojeda, s/n (am Hafen), Tel. 965 41 14 85. Valencianische Meeresspezialitäten. ○○

Guardamar del Segura 37

Der Ort (6500 Einw.) liegt an der Segura-Mündung rund um eine felsige Anhöhe. Nach dem verheerenden Erdbeben von 1829 zog die Siedlung vom Burgberg in die Ebene und hatte fortan mit der drohenden Versandung durch Wanderdünen zu kämpfen. Zum Schutz wurde Anfang des 20. Jhs. ein Pinienwald gepflanzt, der heute den breiten Badestränden Guardamars ein besonderes Flair verleiht.

Oficina de Turismo, Pl. de la Constitución, 7, Tel./Fax 965 72 72 92.

Hotel Meridional, Av. de la Libertad, 64, Tel. 965 72 83 40, Fax 965 72 83 06, www.hotelmeridional.es.
Das ist eine Seltenheit an der südlichen Costa Blanca: ein strandnahes Haus mit persönlichem Flair und guter lokaler Küche, die im Hotelrestaurant **El Jardín** serviert wird. ○○

Torrevella 38

Der Ort (40 000 Einw.) muss als eines der schlimmsten Beispiele für die touristisch motivierte Zerstörungswut am Mittelmeer gelten und weist keine besonderen Attraktionen auf. Eine originelle Fußnote aus seiner Geschichte ist das jährliche Musikfestival **Certamen Internacional de Habaneras y Polifonía** (erste Augustwoche): Weil die hiesigen Seeleute mit Spaniens einstigen Kolonien in der Karibik Salzhandel betrieben, kultiviert die Stadt bis heute ihre Affinität zu tropischen

3

Seite 91

Onkel Ottos Eisbein

Wo gibt es Sauerteig, frische Semmeln, Sahnetorten? Eisbein und Matjes? Wer verlegt garantiert jedes Rohr, liefert Eiche rustikal, verödet Krampfadern, hilft im Trauerfall – und das alles auf Deutsch? Die 60 000 Leser der »Costa Blanca Nachrichten« (CBN) sind für jede Lebenslage gut gerüstet, ein Blick in den Anzeigenteil genügt. Für besondere Spannung sorgen die Vereinsnotizen: Was machen der »Skatklub '89«, die »Mobilen Freunde Costa Blanca« oder der »Carneval Club Calpe«?

Der Durchreisende mag da schmunzeln – doch für viele Residenten, wie sich Dauergäste aus Deutschland, Österreich und der Schweiz mit festem Wohnsitz im Süden gerne nennen, ist die seit 1973 in Benissa publizierte deutschsprachige Wochenzeitung das wichtigste Medium vor Ort. Dass das 120 Seiten starke Blatt dabei weit mehr als nur Interna aus den Ferienkolonien abdruckt, zeigt sich beim genaueren Hinsehen: CBN-Journalisten berichten engagiert und fundiert aus Kultur, Lokal- und Umweltpolitik; sie versorgen Touristen mit lesenswerten Reisetipps und Reportagen über Land und Leute, von den Stränden wie aus dem Hinterland. Und die Kleinannoncen sind schließlich im Preis inbegriffen: »Klempner Klaus kommt gleich ins Haus«, »Neu bei Onkel Otto: Bundesliga live« ... (Im Internet: www.costablanca-nachrichten.com.)

Rhythmen. Torrevella (span. Torrevieja) bildet die südliche Sprachgrenze zwischen Valenciano und Castellano.

Oficina de Turismo, Pl. Ruiz Capdepont, s/n, Tel. 965 70 34 33, Fax 965 71 59 36.

Tipp Gute **Badeplätze** sind nahe den *urbanizaciones* von Cabo Roig, Playa Zenia und Dehesa de Campoamor zu finden (ca. 10 km südlich von Torrevella).

3

Seite 91

*Laguna La Mata

Bevor der Tourismusboom begann, waren Salinen die wichtigsten Einnahmequellen im südlichen Alicante. Einige Firmen zwischen Santa Pola und Torrevella produzieren auch heute noch Salz. Zwei der natürlichen Lagunen, La Mata und Torrevella, stehen seit kurzem unter Naturschutz. Seltene Wasser- und Stelzvögel finden hier nahezu ideale Lebensbedingungen, allen voran der Rosaflamingo. Im Besucherzentrum der Laguna La Mata informieren Biologen über die Ökologie der Salzsümpfe und veranstalten Führungen (La Casa Forestal, La Mata, Tel. 966 92 04 04).

San Pedro del Pinatar ㊴

Bereits auf dem Gebiet der Region Murcia liegt San Pedro del Pinatar (12 700 Einw.) mit weiteren Salinen und einigen populären Badestränden am Mittelmeer (El Mojón, Punta de Algas) sowie am Binnenmeer **El Mar Menor** (»Das kleinere Meer«), wo sich San Pedros touristisches Zentrum namens **Lo Pagán** befindet. Von dort und vom Hafen aus führen Wanderwege ins Salinengebiet.

Oficina de Turismo, Explanada de Lo Pagán, Parque de los Reyes, Tel. 968 18 23 01.

Neptuno, Av. Generalísimo, 6, Tel. 968 18 19 11, Fax 968 18 33 01, E-Mail: hotelneptuno @hotmail.com. Modern, zentral gelegen, freundlich. ◯◯

Venezuela, Pescadería, s/n, Lo Pagán, Tel. 968 18 15 15. Exzellentes Fischlokal. ◯◯

Penelopé, Varadero 1. Der heißeste Treff für Nachtschwärmer.

*Mar Menor

Das Mar Menor, eine 170 km² große Salzwasserlagune, trennt vom offenen Meer nur der 22 km lange und maximal 1500 m breite Landstreifen von *La Manga* (»Der Ärmel«). Frisches Wasser gelangt in das Binnenmeer durch schmale Kanäle, wobei künstliche Durchstiche den Salzgehalt zunehmend verändern und somit das Ökosystem des Gewässers beeinträchtigen. Das nur 7 m tiefe Mar heizt sich im Sommer stark auf und genießt bei Seglern und Surfern große Beliebtheit (s. S. 28). In seiner Mitte erheben sich fünf kleine Vulkaninseln: Isla Mayor, La Perdiguera (Bootsausflüge), El Ciervo (mit La Manga künstlich verbunden), El Sujeto und La Redondela.

In den kleineren Badeorten am Westufer spanische Urlauber unter sich. Folgt man der Küstenstraße gen Süden, schließt sich nach San Pedro **Santiago de la Ribera** ㊵ mit schöner Palmenpromenade und dem bekannten Club Náutico an. Wie überall am Mar Menor bestimmen auch hier Segel- und Windsurfschulen, Jachtklubs sowie Ferienanlagen das Bild.

Surfer und Segler lieben das Mar Menor – sofern die Winde wehen

Oficina de Turismo, Padre Juan, s/n, Tel. 968 57 17 04.

In **Los Alcázares** ㊶ (8500 Einw.), einer früheren Sommerfrische maurischer Könige sind an der Playa Manzanares noch hölzerne Badestege erhalten, die um 1900 in großer Zahl die Strandbäder des Mar Menor säumten. Nostalgisch stimmt der wunderschöne, nur im Sommer zugängliche Patio im *Kurhotel (s.u.).

Oficina de Turismo, Av. de la Libertad, 68, Tel. 968 17 13 61.

La Encarnación, Condesa, 1, Tel. 968 57 50 07. Kurhotel mit Tradition seit 1904. ○○

Während der kurzen Fahrt bis **Los Urrutias** lässt sich erahnen, wie die Uferlandschaft vor dem großen Ferienboom ausgesehen haben mag: Über von Schilfgras bewachsene Flächen und das Mar Menor hinweg reicht die Sicht bis zur Skyline von La Manga.

Estrella del Mar, Tel. 968 13 43 00, Fax 968 13 43 63. Relativ dezent angelegte *urbanización;* Appartements. ○○

Das frühere Fischerdorf **Los Nietos,** heute Hausstrand der Sommerfrischler aus Cartagena und beliebter Ort für Segelwettbewerbe, dämmert außerhalb der Saison vor sich hin. Die modernen Ferienkolonien von **Islas Menores, Mar de Cristal** und **Playa Honda** sind auch bei deutschen Gästen beliebt.

Bevor der Zubringer links auf die Manga führt, lohnt der Abstecher zum weit ins Mittelmeer ragenden **Cabo de Palos.** Sein wuchtiger Leuchtturm wurde 1865 errichtet und diente lange Zeit als Schulungsort für Leuchtturmwärter; heute ist er ein idealer Aussichtspunkt.

3

Seite 91

Die Blaue Flagge

Meer und Strand – das ist noch immer das kostbarste Kapital der Costa Blanca. Nicht nur die rund 2500 Fischer zwischen Dénia und Torrevella hängen vom Zustand des Wassers ab, sondern auch die gesamte Tourismusbranche. Stolz weist man deshalb auf die »Blaue Flagge« *(bandera azul)* der EU hin: 2001 heimsten València und Murcia 96-mal das begehrte Prädikat ein, öfter als alle anderen europäischen Regionen.

Kritiker monieren, dass bei der Vergabe der »Blauen Flagge« Erste-Hilfe-Einrichtungen oder die Anzahl der Mülleimer ebenso zählen wie die Wasserqualität selbst. Zumindest ist die Flagge aber ein Zeichen guten Willens, denn wo sie weht, wird der Sand regelmäßig gesäubert und das Wasser auf Bakterien untersucht.

La Manga del Mar Menor ㊷

So nennt sich die Kette reizloser Betonburgen auf der schmalen Landzunge. Die zahllosen Bars, Diskos und Hotels auf der Manga (5000 Einw.) erwachen erst während der Hochsaison zum Leben, wenn der Trumpf dieses wüstenhaft wirkenden Landstreifens sticht: Wo sonst kann man schon am selben Tag gleich in zwei Meeren schwimmen?

3

Seite 91

Oficina de Turismo, Las Amoladeras, s/n, Tel. 968 14 61 36, Fax 968 56 49 58.

Hyatt Regency La Manga, Los Belones, Tel. 968 33 12 34, Fax 968 33 12 35, www.lamanga.hyatt.com. Künstliches Luxusdorf (mit 450 ha!) mit exklusivem Nobelhotel, Appartements und drei 18-Loch-Golfplätzen. ○○○

▮ **Doblemar,** Gran Vía, s/n, Tel. 968 56 39 10, Fax 968 14 09 98. Komfortabler Block mit Kasino. ○○○

▮ **Villas La Manga,** Gran Vía, s/n, Tel. 968 14 52 22, Fax 968 14 53 23. Fast familiäre Ausmaße, am Mar Menor. ○○

El Velero de los Churrascos, Edificio Snipe, Tel. 968 14 05 07. Filiale des populären »Los Churrascos« in El Algar; regionale Küche. ○○

▮ **Loro Verde,** Pl. Bohemia, Tel. 968 14 02 93. Freundliche Bar, ordentliche Tapas. ○○

Z.M. und **Viva La Manga** (am Cabo de Palos) sind die »In«-Diskos, die Pubs **T.B.O., Planta Baja** (im Shopping-Center Alcazaba Zoco), **O.B.Lix, Zeppelin** und **Lo Último** (Kábila Zoco) sind bis 5 Uhr früh geöffnet.

TOUREN 3 UND 4
0
20 km
N
València
Torrent
El Saler
L'Albufera
Platja de la Dehesa
El Palmar
Benifaio
Sueca
L'Alcúdia
Algemesi
Far de Cullera
Cullera
23
Alzira
Alberique
MITTELMEER
Xàtiva
48
Platja de Gandia
Gandia
24
Oliva
25
Albaida
Riu Serpis
Pego
Dénia
26
Cap de Sant Antoni
753
Montgó
Xàbia
27
Cala Blanca
Teulada-Moraira
28
La Granadella
Cap de la Nau
Cocentaina
47
Alacant
Benissa
Alcoi
46
El Portet de Moraira
Cap de Moraira
Guadalest
32
Fonts de l'Algar
Parque Natural Font Roja
45
Ibi
Serra de Aitana
Callosa
31
Penyal d'Ifac
29
Calp
Port de la Carrasqueta
1024
Polop
30
Altea
L'Alfàs del Pi
33
34
Benidorm
Xixona
44
Rincón de Loix
Coves del Canelobre
43
Platja de Poniente
Platja de Levante
35
Islote de Benidorm
La Vila Joiosa
Busot
Costa Blanca
Sant Joan d' Alacant
El Campello
MITTELMEER
Platja de Sant Joan
Elx
Alacant/Alicante
3
4

3

Tour 4

Durch Huerta und Sierra

***Alicante → *Coves del Canelobre → Xixona → *Parque Natural Carrascar de Font Roja → *Alcoi → **Xàtiva → *Almansa → *Villena → *Elx → *Orihuela → *Murcia (277 km)**

4

Seite 83

Als Alternative zum Strandleben empfiehlt sich der ausgedehnte Ausflug ins Hinterland der Costa Blanca. Für reichlich Abwechslung ist dabei gesorgt: stille Wanderwege im Naturpark Font Roja, kulturelle Glanzpunkte aus drei Jahrtausenden in Xàtiva, Elx und Orihuela, dazu landschaftliche Gegensätze zwischen schroffer Sierra, fruchtbarer Huerta und exotischer Palmenpracht. Ein Abstecher führt bis in die angrenzende Mancha, jene grandios-monotone Hochebene, die seit Miguel de Cervantes untrennbar mit der Gestalt Don Quijotes verbunden ist.
Diese Autotour ist auf zwei bis drei Tage ausgelegt; wer sich nach dem Trubel an der Küste auf familiäre Hotels und bodenständige Gastronomie freut, sollte sich für diese Route ruhig mehr Zeit gönnen.

Richtung Sierra

Wenig nördlich von Alicante zweigt von der N-340 (Richtung Alcoi) nach dem Vorort mit dem klingenden Namen Mutxamel (»viel Honig«) rechter Hand die Straße nach **Busot** ab; von dort wiederum ist die Anfahrt zu den ***Coves del Canelobre** ㊸ (24 km von Alicante) ausgeschildert. Die imposante Tropfsteinhöhle liegt auf 700 m Höhe im Gebirge Cabeço d'Or, farbige Strahler bringen die Stalaktiten zum Leuchten (April bis Sept. tgl. 10.30–20.30 Uhr; Okt. bis März tgl. 11–18.30 Uhr).

Zurück auf der N-340 hat man bald das von extrem erodierter Sierra umgebene **Xixona** ㊹ (8000 Einw.) erreicht, in Spanien jedem Schulkind als Stadt des *turrón* ein Begriff. Die süße, variantenreiche Leckerei aus Mandeln, Honig, Zucker und Eiweiß wird zumeist an Weihnachten aufgetischt; die Fabriken von Xixona decken den größten Teil des Bedarfs an dem Naschwerk. Am Ortsausgang rechts lädt das Museo del Turrón (Firma Lobo) zu Rundgang, Kostprobe und Einkauf ein (Mo–Fr 10–13.30, 16 bis 19.30 Uhr; Produktion von Juli bis Dezember).

*Parc Natural del Carrascar de la Font Roja ㊺

Über den ***Port de la Carrasqueta** (1024 m) führt die N-340 weiter nach Norden, bis 8 km vor Alcoi eine kurze Zufahrt zu dem am Wochenende viel besuchten »Naturpark der Roten Quelle« abzweigt. Im Herzen des seit 1987 geschützten, 2450 ha großen Areals steht an der namensgebenden Quelle ein ehemaliges Kurhotel, das zu einem ökologischen Schulungszentrum umgebaut wird.

Dass es in der Sierra äußerst frostig werden kann, belegen die historischen Schneekeller *(pozos de nieve)*, in denen Bauern früher Eis lagerten, um es auf den Märkten der Umgebung zu verkaufen. Anstatt der andernorts üblichen Kiefernforste ist in Font Roja noch echter mediterraner Mischwald erhalten, größtenteils aus

Ginsterbüsche und Valencianische Eichen bei Font Roja

Ahorn, Steineiche und der Valencianischen Eiche (lat. *Quercus faginea valentina*) bestehend.

Tipp **Wanderungen** können zum **Barranc d'Infern** (2 Std.) und auf den Gipfel **El Menejador** (3 Std.) unternommen werden; Informationen im Besucherzentrum (Tel. 965 33 76 20).

*Alcoi 46

Östlich der Hauptstraße kann man bei **La Sarga** an einem eingezäunten Steilhang einige prähistorische Felszeichnungen betrachten, bevor wenig später Alcoi (66 000 Einw.; 54 km) erreicht ist. Die industriell stark entwickelte Stadt – hier werden u. a. Textilien, Papier und gefüllte Oliven hergestellt – liegt eindrucksvoll auf mehreren Felsterrassen, zwischen denen fünf kleinere Wasserläufe zum Riu Serpis zusammenfinden.

In der Altstadt lohnt der Besuch der **Kirche Santa María** (18. Jh.) sowie des **Museo Arqueológico Camilo Visedo** an der Plaza San Miguel (u. a. iberische Funde; Mo–Fr 8–14 Uhr, Sa/So 10.30–13.30 Uhr).

Landesweit berühmt sind die **Fiestas de Moros y Cristianos** von Alcoi: 1276 soll der hl. Georg die Stadt vor der maurischen Eroberung bewahrt haben. Das entscheidende Gefecht wird seither am Georgstag (23. April) mit heiligem Ernst und minuziös geplanten Umzügen inszeniert. Die prächtigen Festkostüme zeigt ganzjährig das **Museo Casal de Sant Jordi** (Pl. San Miguel; Mo–Fr 11–13.30, 17.30–19.30, Sa/So 10.30–13.30 Uhr).

i **Oficina de Turismo,** San Lorenzo, 2, Tel. 965 53 71 55.

Reconquista, Pont de Sant Jordi, 1, Tel. 965 33 09 00, Fax 965 33 09 55, www.hotelodon.com. Ordentliches, zentrales Stadthotel. ○○

Mas de Pau, Ctra. Alcoi–Penáguila, km 9, Tel. 965 51 31 58. Schön renovierter Gutshof, mitten in der Sierra. ○○

Don Luis, Santa Rosa, 59. Nette Tapas-Kneipe. ○○

*Cocentaina 47

Die nördliche Peripherie Alcois geht fließend über in die Nachbargemeinde Cocentaina (11 000 Einw.), wo schon in vorrömischer Zeit Menschen siedelten. In 760 m Höhe erhebt sich über der Stadt ein Kastell, während den altertümlichen Ortskern (links der N-340) der wuchtig-quadratische ***Palau Comtal** beherrscht, erbaut im 15. Jh. von Graf Ximén Pérez de Corella, dem einstigen starken Mann der Region (Mo–Fr 11–13, 17–22 Uhr, Sa 10 bis 13 Uhr).

4
Seite 83

L'Escaleta, Subida Estación Norte, 205, Tel. 965 59 21 00. Verführerische baskische und valencianische Küche. ○○

**Xàtiva 48

Die Stadt (25 000 Einw.; 104 km) wurde bereits von den Iberern unter dem Namen Saiti gegründet, bei den Römern hieß sie Saetabis, und als arabische Medina Xateba erreichte sie eine enorme Kulturblüte: Erstmals in Europa stellten maurische Techniker hier im 11. Jh. Papier aus Reis und Stroh her. Später wurde Xàtiva bekannt als »Stadt der Borja« (Borgia; s. auch S. 70 f.), denn die Adelsfamilie aus Aragón ließ sich hier im 15. Jh. nieder. Das Geschlecht brachte gleich zwei Päpste hervor, Calixtus III. und Alexander VI. Geschichte machte vor allem der zweite, indem er zwei berühmt-berüchtigte Nachkommen (Cesare und Lucrezia) zeugte und 1494 die Neue Welt großzügig zwischen Kastilien und Portugal aufteilte. Ebenfalls aus Xàtiva stammte der Maler Josep de Ribera (1591–1652), der in Italien als »Lo Spagnoletto« gefeiert wurde; die Heimatstadt setzte ihm auf der Plaça Espanyoleto ein Denkmal.

4

Seite 83

Weil Xàtiva seit arabischer Zeit (damals zählte es 35 000 Einwohner!) nicht mehr wuchs und heute kaum über nennenswerte Industrie verfügt, präsentiert sich das Ortszentrum fast komplett in mittelalterlicher Pracht. In der Mitte erhebt sich an der Plaça Calixt III die Stiftskirche **Colegiata de Santa María,** 1413 gegründet und 1596 in der jetzigen, einer Kathedrale würdigen Form gestaltet. Bemerkenswert ist ihr 60 m hoher Glockenturm. Gegenüber beeindruckt die Fassade des alten ***Hospitals** mit einem herrlichen Portal im Renaissancestil. Westlich davon schließt sich die enge Plaça del Mercat an, wo sich dienstags und freitags die Verkaufsstände der Händler drängen. Am Carrer de la Corretgería befindet sich im ehemaligen Kornspeicher (16. Jh.) das ***Museo del Almudí,** zu dessen wichtigsten Stücken ein arabisches Brunnenbecken aus rosa Marmor sowie einige Werke von Ribera und Benlliure zählen (Di–So 10–14 Uhr, Di–Fr 16–18 Uhr).

Unbedingt besuchen sollte man das ****Castillo,** das den hoch aufragenden Bergrücken der Sierra Vernissa krönt. Etwa auf halbem Weg liegen die barocke **Ermita de Sant Josep,** die kleine Kirche ***Sant Feliú** (1262) und die **Hostería del Montsant** (s. S. 87), ein ehemaliger maurischer Palast, der später in ein christliches Kloster umgewidmet worden war. Hinter dem Eingang zur Festung öffnet sich der Waffenplatz. Aus der ältesten Bausubstanz der Burg, auf Keltiberer und

Historische Brunnen

Der freizügige Umgang mit Wasser war für die Araber ein sichtbarer Beweis für den Wohlstand einer Stadt. Bis heute nennt sich Xàtiva »Stadt der 1000 Brunnen«, denn noch immer sprudeln zahlreiche historische Quellen. Die ***Fuente de los Veinticinco Caños** (an der gleichnamigen Plaça; 18. Jh.) mit ihren 25 Wasserspeiern ist eines der besten Beispiele. Für einen Schluck von jedem der Hähne hat man 25 Wünsche frei, sagt der Volksmund. Gleichfalls sehr repräsentativ wirkt die achteckige ***Fuente Gótica** (15. Jh.) an der schmucken Plaça Trinitat.

Die Kirche Colegiata de Santa María (Xàtiva) im Abendlicht

Römer zurückgehend, besteht das so genannte Castillo Menor (linker Hand). Besser erhalten sind Mauern und Türme des höher gelegenen **Castillo Mayor,** dessen arabische Grundstruktur zwar aus dem 10. Jh. stammt, das aber Bauten aus der Ära Felipe V (18. Jh.) überlagern. Unvergleichlich ist die ****Aussicht** von den vielen *Miradores:* Sie reicht weit über Stadt und umliegende Huerta hinaus – bis zu den Sierras Mariola und Aitana sowie in die schier endlose Ebene der Mancha (Di–So 10–14, 15.30–18, im Sommer 16.30–19 Uhr; Mo und nach jedem Fei geschl.).

Oficina de Turismo, Alameda Jaume I, 50, Tel. 962 27 33 46, Fax 962 28 22 21.

Bahnverbindungen: Alcoi, València.
Busverbindungen: València, Gandia, Alicante u. a.

Hostería Montsant, Ctra. del Castillo, s/n, Tel. 962 27 50 81, Fax 962 28 19 05, www.servidex.com/montsant. Ein Juwel: sieben geschmackvoll eingerichtete Zimmer, 17 000 m² Orangengarten, ideale Lage zwischen Stadt und Festung. ○○○
▮ **Vernissa,** Académico Maravall, 1, Tel. 962 27 10 11, Fax 962 28 13 65. Zweisterne-Stadthotel im Zentrum. ○○

Am Weg in die Mancha: der Burghügel von Almansa

Casa La Abuela, Reina, 17, Tel. 962 28 10 85. Valencianische Hausmannskost. ○○

Westlich von Xàtiva quert die C-322 zunächst Bahnlinie und Riu Cañoles, um bald darauf auf die Autovía 430 in Richtung Albacete zu stoßen. Vorbei an der Ortschaft **Montesa,** wo an den Ritterorden gleichen Namens nur noch eine Burgruine aus dem 14. Jh. erinnert, gelangt man über den Almansa-Pass (692 m) in die Autonome Region Castilla-La Mancha.

*Almansa ㊾

Almansa (22 000 Einw.; 55 km von Xàtiva) ist das steinerne Symbol der Kriege, die während der Reconquista um das öde Grenzland zwischen Kastilien und València tobten. Als wachse sie direkt aus dem Burgberg heraus, thront die arabische ***Festung** gebieterisch über dem Ort (den Schlüssel

4

Seite 82

muss man sich bei der Policía Municipal besorgen). 1707 entschied Philippe d'Anjou auf dem Schlachtfeld vor der Stadt den Spanischen Erbfolgekrieg für Frankreich. Im alten Dorf zu Füßen der Burg sind die **Basílica La Asunción** mit ihrem Renaissanceportal sowie der frühbarocke **Palacio de los Condes de Cirat** (16. Jh.) sehenswert.

Oficina de Turismo, Ayuntamiento (im Rathaus).

Mesón de Pincelín, Las Norias, 10, Tel. 967 34 00 07. Bodenständige Küche, lokale Spezialitäten. ○○

Bodegas Piqueras, Juan Ramón Jiménez, 1. Gut sortierter Weinhandel. Tipp: Rotwein aus der Region *(vino tinto de crianza)*.

Tipp Schöne Ausflugsziele sind die Felsmalereien in der **Cueva la Vieja** bei Alpera (12 km nordwestl.; Hinweise im Rathaus) sowie **Chinchilla** (54 km westl.) mit einer pittoresken Altstadt und Höhlenwohnungen.

Burgen entlang dem Riu Vinalopó

Zurück ins Land València führt die verkehrsreiche Autovía 330, die entlang einem uralten Handelsweg von Zentralspanien zur Levanteküste verläuft. Wegen der vielen Burgen über dem Tal des Riu Vinalopó spricht man auch von der **Ruta de los castillos.**

***Villena** ㊿ (31 000 Einw.; 38 km südlich Almansa) liegt zu Füßen des Castillo de Atalaya, das von Arabern erbaut und im 15. Jh. erweitert wurde. Das *Museo Arqueológico im Rathaus (Plaza Santiago) birgt einen bedeutenden Schatz aus der Bronzezeit: 66 Schmuckstücke (Voranmeldung unter Tel. 965 80 11 50).

Als Ausflugsort populär ist ***Biar** ㉛, 7 km östlich der Autovía. Im renovierten Zentrum (Töpferstuben) erhebt sich die Kirche La Asunción (16. Jh.), darüber die Burg aus dem 12. Jh.

Tagsüber erscheint das Castillo von ***Sax** ㊾ (11 km von Villena) auf seinem 500 m hohen Felsensitz schroff und abweisend, während es sich im Licht der untergehenden Sonne in ein romantisches Bilderbuchschloss verwandelt.

Der Verarbeitung von Safran aus der Mancha nicht nur für die Paellapfannen Valèncias hat sich **Novelda** ㊽ (22 000 Einw.) verschrieben. Die Innenstadt zieren einige Beispiele katalanischen Jugendstils, ca. 3 km außerhalb liegt die Kirche **Santuario de Santa Magdalena,** die an Gaudís Sagrada Família in Barcelona denken lässt.

*Elx ㊹

Von Novelda fährt man noch 18 km auf den Straßen N-325 und C-3317 bis Elx (200 000 Einw.), der einstigen römischen Colonia Julia Illici. An diese und an die maurische Ära erinnern in der Industriestadt (Schuhe, Leder) am Riu Vinalopó aber nur wenige Bauwerke.

Bekanntheit erlangte Elx durch den Fund der keltiberischen **Dama d'Elx** (s. S. 89) und seine ***Palmenhaine** – die größten ihrer Art in Europa.

Am Rande eines dieser von Phöniziern angelegten und von Mauren kultivierten Wälder (ca. 170 000 Exemplare der Dattelpalme, lat. *Phoenix dactylifera*) befindet sich der Palacio de Altamira, einst Teil der arabischen Stadtmauer. Der Bau beherbergt das ***Museu Arqueològic,** besuchenswert

4
Seite 82

Im Palmengarten von Elx

Kopie der Dama d'Elx

4

Seite 91

Dame mit Vergangenheit

Ihr unergründlicher Ausdruck erinnert an den coolen Charme neuzeitlicher Fotomodelle, der noble Kopfschmuck zeichnet sie als Frau von Macht und Ansehen aus: Die **Dama d'Elx,** um 475 v. Chr. von einem iberischen Künstler in Kalkstein gehauen, stellt vermutlich eine Hohepriesterin dar. Manche Experten attestieren der Dame jedoch eine zweifelhafte Vergangenheit.

Erst 1995 machte der US-Kunsthistoriker John Moffitt die Büste zum Gegenstand kriminalistischer Recherche. In seinem Buch »Der Fall der Dama d'Elx« behauptet er, der Fund von 1897 sei eine Fälschung des 19. Jhs. Auch in Spanien wurden schon mehrfach skeptische Stimmen laut; zu gut erhalten sei die Dama, und überhaupt passe sie stilistisch in keine Schublade.

Die Madrider Akademie (die Originalbüste befindet sich im Archäologischen Museum der Hauptstadt) reagiert jedenfalls einhellig und ziemlich indigniert auf alle Einwände. Große Kunst sei eben immer schwer einzuordnen, das Stück garantiert echt, und sämtliche Skeptiker litten unter Profilneurose – die Vehemenz mancher Äußerungen lässt auf beleidigtes Ehrgefühl bei den Professoren schließen. Ein gewichtiges Argument spricht für die Authentizität der valencianischen Sphinx: Eine erst im 20. Jh. bei Baza ausgegrabene Büste weist ebenso wie ihre Vorgängerin einen Hohlraum im Rücken auf, der möglicherweise die Asche verstorbener Könige aufnehmen sollte. Wie hätten Fälscher davon wissen können?

Museo Monográfico de L'Alcúdia, Ctra. de Dolores, 2 km südlich von Elx: Interessante Sammlung am Fundort (Di–Sa 10–14, 16 bis 19 Uhr, So 10–13 Uhr).

schon wegen seiner bezaubernden römischen Statuen, wie der kopflosen Venus mit Delphin und dem süß träumenden Cupido auf dem Löwenfell (Di–So 10–13 Uhr, Di–Sa 16–19 Uhr). In der Nähe erhebt sich unübersehbar die blau geflieste Kuppel der barocken ***Basílica Santa María** (17. Jh.), am 14. und 15. August Schauplatz des Mysterienspiels Misteri d'Elx.

Besonders ausladende Palmen gedeihen im 13 ha großen ***Huerto del Cura,** beispielsweise die siebenstämmige ca. 200 Jahre alte Palma Imperial (tgl. 9–20 Uhr). Kunstwerke von Miró, Sempere u. a. Meistern der Moderne zeigt das **Museu d'Art Contemporani** im alten Rathaus an der Plaça Major del Raval (Di–Sa 10–13, 17–20 Uhr, So 10–13 Uhr).

4
Seite 91

Oficina de Turismo, Parque Municipal, Tel. 965 45 27 47, Fax 965 45 78 94.

Bahn-/Busverbindungen: València, Murcia u. a.; Bahnhöfe an der Av. de la Llibertat.

Huerto del Cura, Porta de la Morera, 14, Tel. 965 45 80 40, Fax 965 42 19 10, www.huertodelcura.com. Zwischen Palmen gelegen, komfortabel. ○○○
▮ **Candilejas,** Dr. Ferrán, 19, Tel. 965 46 65 12. Zweckmäßiges Hostal, 24 Zimmer, preiswert. ○

La Finca, Ptda. Perleta, 1–7, Tel. 965 45 60 07. Elegantes Ambiente, mediterrane Küche. ○○○
▮ **Mesón El Granaino,** José M. Buch, 40, Tel. 966 66 40 80. Traditionslokal mit guter Tapas-Bar. ○○
▮ **Mesón Casa Antonio,** Pere Ibarra, 6. Leckere Auswahl lokaler Köstlichkeiten am Tresen, z. B. eingelegte Datteln und gebackener Käse. ○○

*Orihuela (Oriola) 55

Die alte Bischofsstadt (50 000 Einw.), bei den Römern als Aurariola bekannt, weist einige herausragende Baudenkmäler auf. An der zentralen Plaza Santiago (wo man gut das Auto abstellen kann) steht die spätgotische ***Iglesia Santiago Apóstol** (1488). Ihr prächtiges Hauptportal ziert eine Statue des hl. Jakobus, im Innenraum fallen der

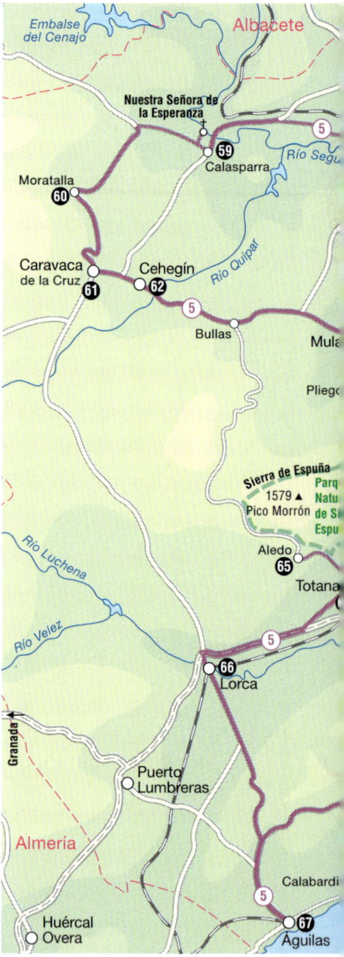

Altar aus Marmor und Jaspisquarz sowie die Figurengruppe der Heiligen Familie von Francisco Salzillo auf. Schräg gegenüber zeigt das **Museo de la Reconquista** in etwas düsteren Räumen Kostüme der Fiesta de Moros y Cristianos, die hier am 17. Juli stattfindet (Mo–Fr 11–13, 17–19 Uhr).

Die Nonnen des **Monasterio Santísima Trinidad y Santa Lucía,** Pl. Santísima Trinidad, 6, verkaufen an der Pforte Biskuits und Blätterteiggebäck eigener Herstellung.

Die Achse López Pozas/Ramón y Cajal (Fußgängerzone) führt zur ***Catedral de San Salvador,** im 14. und 15. Jh. erbaut, mit einem plateresken und zwei gotischen Portalen. Im Inneren des Gotteshauses verdienen zahlreiche

4

Seite 91

Details Beachtung, z. B. die kunstvoll geschmiedeten Chorgitter, das Chorgestühl und der silberne Altaraufsatz. An die Kathedrale schließt sich ein graziler Kreuzgang an, durch den man das **Museo Diocesano** in der Sakristei betritt. Zur Sammlung zählen u. a. Werke von Diego de Velázquez und Josep de Ribera (Mo–Sa 10.30 bis 13.30 Uhr, Mo–Fr 16–18.30 Uhr, im Sommer 17–19.30 Uhr).

Die nahe **Plaza Marqués de Rafal** strahlt trotz des schlechten Zustands mancher Häuser vornehme Würde aus. Ein Beispiel stilgerechter Renovierung ist der ***Palacio del Conde de Pino Hermoso,** in dem die Staatsbibliothek nobel untergebracht ist. Der weiter östlich gelegene ***Colegio de Santo Domingo** wurde im 16. Jh. als Kloster errichtet und diente später als Universität. Heute können sich die Schüler eines Gymnasiums an den wunderbaren Kreuzgängen (einer barock, der andere im Renaissancestil) sowie den Azulejos des alten Speisesaals erfreuen (Mo–Fr vormittags; Anmeldung an der Pforte).

4
Seite 91

i **Oficina de Turismo,** Francisco Díe, 25 (im Palacio Rubalcava), Tel. 965 30 27 47, Fax 965 30 59 64.

Palacio de Tudemir, Alfonso XIII, 1, Tel. 966 73 80 10, Fax 966 73 80 70, www.sh-serotel.com. 2001 eröffnetes Komforthotel in einem alten Stadtpalais, zentral gelegen. OO

Rey Teodomiro, Avenida Teodomiro, 10, Tel. 966 74 33 48. Zentral gelegenes Hostal. O

Casa Corro, Palmeral de San Antón, Tel. 965 30 29 63. Am Ortsausgang Richtung Alicante, auch einfaches Hotel; bodenständiges Essen. OO

Tour 5

Quer durch die »andere« Levante

***Murcia → *Archena → *Moratalla → **Caravaca de la Cruz → *Mula → **Lorca → *Águilas → *Cartagena → La Manga del Mar Menor (286 km)**

Schon Griechen, Karthager, Römer und Araber haben auf dem Weg zur Costa del Sol Murcia durchquert und ihre Spuren hinterlassen. Die Vielzahl der Einflüsse, vom maurischen Erbe bis zur barocken Pracht, ist bis heute charakteristisch für die Kultur dieser Region, die sogar vielen Spaniern fremd erscheint.

Dabei sind ihre landschaftlichen Kontraste einzigartig; das kleine Murcia vereinigt auf seinem Gebiet wilde Sierras mit sanft-grünen Flussoasen und den Sandstränden der Costa Cálida. Genauso unverwechselbar ist der ländliche Charme der Murcianos; als geborene Huerta-Bewohner wissen sie die Vorzüge deftiger Küche und kräftiger Weine zu schätzen. – Dreitägige Autotour.

Ins **Valle de Ricote

Von der N-301 in Richtung Albacete zweigt nördlich von Murcia die Nebenstraße über den Río Segura nach ***Archena** (56) (23 km) ab. Etwa 2 km außerhalb des Ortszentrums kurieren sich Rheumageplagte im gleichnamigen Heilbad *(balneario)* seit römischen Zeiten mit 52 °C heißen Schwefel- und Salzquellen. Sehenswert sind im Kurhotel **Termas** die Säle im maurischen Stil (19. Jh.) sowie der schöne Hotelgarten am Fluss mit Palmen und Eukalyptusbäumen (Tel. 902 33 32 22, Fax 968 67 10 02, www.balnearioarchena.com; ◯◯).

Das Tal des Río Segura bis Cieza, als ****Valle de Ricote** bekannt, blieb länger als alle anderen spanischen Gegenden in maurischem Besitz, ehe Felipe III auch hier 1614 endgültig durchgriff. An orientalische Oasen erinnert die Szenerie bis heute: Während zu beiden Seiten kahle Sierra aufragt, blühen in der Uferebene herrliche Dattelpalmen, Zitronen-, Pfirsich- und Aprikosenhaine, dazwischen liegen die hübschen Dörfer **Ulea, Ojós** und **Blanca.**

***Ricote** 57, 2 km in den Bergen oberhalb des Flusses, war einst der befestigte Hauptort der arabischen Kolonisten. Ansehen kann man sich dort die Pfarrkirche und den barocken Palacete de Llamas (18. Jh.).

Zu lokalen Köstlichkeiten verführt das Lokal **Venta del Sordo** (Tel. 968 69 71 50; ◯◯).

Abstecher nach Jumilla

Wer den besten der gehaltvollen Weine Murcias am Herstellungsort kosten möchte, sollte bis ins kastilisch-karge Hochland von **Jumilla** 58 fahren (35 km von Cieza; Weinmuseum, nur nach Anmeldung unter Tel. 968 75 60 64).

Der bekannteste Winzer der Weinstadt Jumilla, die **Bodega Bleda** (seit 1917), Av. Yecla, 26, Tel. 968 78 00 12, produziert den körperreichen Castillo Jumilla und beachtliche junge Weine (Probe und Verkauf nach Anmeldung).

Oase am Río Segura: El Valle de Ricote

Calasparra

Dem Lauf des Segura folgend, erreicht man nach 21 km ***Calasparra** 59 (9000 Einw.), das Zentrum des einzigen Reisanbaugebietes in Spanien mit geschützter Ursprungsbezeichnung. Das besonders feine Paellakorn ist im Ort überall zu kaufen.

5 km nördlich von Calasparra verbirgt sich in den Bergen der Wallfahrtsort **Santuario de Nuestra Señora de la Esperanza,** wo in einer Felsenkapelle die Madonna (*La Pequeñica,* »Die Kleine«) verehrt wird.

*Moratalla 60

Moratalla (8900 Einw.; 19 km von Calasparra) ist der Hauptort des abgeschiedenen Nordwestens der Autonomen Region Murcia. Unverändert altertümlich präsentiert sich sein Stadtbild: Über den Dächern thront eine **Zitadelle** des Santiago-Ordens (14. Jh.) mit einem 30 m hohen Turm *(Torre de Homenaje).* In den handtuchschmalen Gassen kann man sich wunderbar verlaufen. Vom Kirchplatz reicht der ***Blick** weit über Tal und bewaldete Bergrücken; im äußersten Westen erhebt sich der **Pico Revolcadores,** mit 2027 m der höchste Gipfel der Gegend.

5
Seite 90

Oficina de Turismo, Constitución, 15, Tel. 968 70 66 00.

Cenajo, Pantano del Cenajo, s/n, Tel. 968 72 10 11, Fax 968 72 06 45, www.barcelo.com. 28 km nördlich, ehemaliges Ingenieurshaus am Stausee. Ebenso hübsch wie einsam, mit Restaurant. ❍❍

Tipp Am Gründonnerstag und Karfreitag schlagen Moratallas Trommler ihre *tambores* ohne Pause.

Tamborista Jesús Martínez, Pedro Zapatero, 1: handgefertigte Trommeln.

An der Plaza del Arco in Caravaca de la Cruz

**Caravaca de la Cruz 61

5 Seite 90

Die Sehenswürdigkeiten von Caravaca de la Cruz (21 000 Einw.), 13 km weiter südlich, sind eng mit der Reconquista verbunden: Ein doppelarmiges Kreuz *(La Vera Cruz)* soll hier einst dem Maurenfürsten Abu-Said erschienen sein, worauf dieser einen eingekerkerten Priester freiließ und selbst zum Christentum übertrat. Dem wundertätigen Kreuz ist die barocke Burgkapelle ****Santuario de la Santísima y Vera Cruz** (1617) gewidmet. Im Kirchenmuseum sind kostbare Monstranzen ausgestellt (Do–Sa 10–13, 16–18 Uhr, So 11–14 Uhr). Die ***Burg** selbst, im 15. Jh. von Templern erbaut, ist gut erhalten. Nach der Legende wagten während einer maurischen Belagerung die verdurstenden Verteidiger einen Ausfall, um sich mit Wasser zu versorgen. Nachdem sie stattdessen mit Wein zurückgekehrt waren, mussten sich die Angreifer den so gestärkten Burgherren geschlagen geben. Der Triumphzug der Trinkfesten wird seither Anfang Mai mit der Fiesta de la Vera Cruz gefeiert.

Auch Caravacas Altstadt lohnt einen Rundgang: Direkt unterhalb der Burg steht die ***Iglesia El Salvador** (16. Jh.), deren mächtige Pfeiler ein gotisches Sterngewölbe tragen. An der angrenzenden Plaza del Arco mit dem Rathaus aus dem 18. Jh. schützen die Statuen von *moro* und *cristiano* (1985) friedvolle Eintracht vor.

In der schmalen Calle Mayor beherbergt das Karmeliterkonvent (16. Jh.) ein kleines Sakralmuseum, die Schaufenster der Geschäfte sind angefüllt mit Souvenirkreuzen in allen Größen und Preislagen.

Oficina de Turismo, Monjas, 17, Tel. 968 70 24 24.

Central, Gran Vía, 18, Tel. 968 70 70 55, Fax 968 70 73 69. Praktisch und komfortabel. ❍❍

Los Viñales, Av. Juan Carlos I, 41, Tel. 968 70 84 58. Lokale Spezialitäten. ❍❍

Panorama von Caravaca mit Festung und Burgkapelle

Yemas Reina, Trafalgar, 3. Typische Süßigkeit aus Eidotter und Zucker.

Hijos de J. López Martínez, Estación, 20. Hier bekommt man lokales Kunsthandwerk.

Julián R. Robles, Gran Vía, 21. Bekannt für Stein- und Holzskulpturen.

*Cehegín 62

Cehegín (13 000 Einw.), 7 km östlich von Caravaca, ist bekannt für seine Obst- und Mandelplantagen und Marmorbrüche. Der Ort weist ebenfalls eine bildschöne ***Altstadt** auf. Hier ist die **Ermita de la Concepción** (15. Jh.; Holzdecke im Mudéjarstil) bemerkenswert, außerdem der noble **Palacio de los Fajardos** (18. Jh.) und das ***Museo Arqueológico** im alten Rathaus an der terrassenartigen Plaza de la Constitución. Die Sammlung umfasst u. a. Funde aus der nahen Cueva de la Peña Rubia (Kupfer- und Bronzezeit) sowie aus einer Siedlung der Westgoten – *Ciudad de Begastri* – (Mo/Mi/Fr 16–20 Uhr oder nach Anmeldung unter Tel. 968 74 07 17).

Oficina de Turismo, Ayuntamiento (im Rathaus), Tel. 968 74 22 00.

La Muralla, Pl. de la Constitución, s/n, Tel. 968 72 35 28, Fax 968 72 35 58, E-Mail: Lamuralla@yaonline.es. Neues, geschmackvolles Hotel im Zentrum, nur 8 Zimmer. OO

Sol, Mayor, 17, Tel. 968 74 00 64. Traditionslokal, in dem Wert auf lokale Küche gelegt wird. OO

*Mula 63

Pfirsiche in Dosen sind das industrielle Aushängeschild von Mula (16 km von Bullas). Die Kleinstadt liegt zu Füßen des ***Castillo de los Vélez,** das sich Luis Fajardo, erster Marqués de los Vélez, im 16. Jh. auf eine Felsnadel stellen ließ. Die Grabkapelle des Adelsgeschlechts befindet sich in der Kathedrale von Murcia (s. S. 48).

Im historischen Stadtkern kann man durch die Calle del Marqués zum Hauptplatz spazieren, außerdem der Kirche **San Miguel** (16. Jh.) und dem barocken **Palast der Grafen von Menahermosa** einen Besuch abstatten (Sammlung altiberischer Kunst).

Oficina de Turismo, Ayuntamiento, Tel. 968 66 15 01.

Venta La Magdalena, Tel. 968 66 05 68. Ausflugslokal an den Heilquellen Baños de Mula, 5 km östlich von Mula. OO

In die Sierra de Espuña

Hügelauf, hügelab geht die Fahrt nun auf der C-3315 zunächst an ausgedehnten Mandelbaumplantagen vorbei bis **Pliego,** danach werfen die wüstenhaften Ausläufer der Sierra de

5
Seite 90

Espuña bereits dramatische Falten bis kurz vor **Alhama de Murcia** (29 km von Mula). Von dort lohnt ein Abstecher ins Gebirge, gleich nach der Ortschaft zweigt rechter Hand die 8,5 km lange Auffahrt ab.

Die aussichtsreichen Hochlagen des ***Parque Natural Sierra de Espuña** präsentieren sich erstaunlich grün, nur auf dem Pico Morrón (1579 m) stehen keine Pinien. Die Nadelbäume wurden erst Ende des 19. Jhs. gepflanzt. Ebenfalls in großer Zahl vom Menschen eingeführt wurde 1970 das Atlas-Mufflon aus Marokko. Breite Feuerschneisen im Wald erinnern an die ständige Brandgefahr.

i **Oficina de Turismo,** Ayuntamiento de Alhama, Tel. 968 63 00 00.

5
Seite 90

Auf der Autovía 340 durchreist man rasch das Tal des Río Guadalentín. **Totana** (64), rechts der Schnellstraße, gilt als »Stadt der Töpfer« (Werkstätten an der Hauptstraße) und besitzt einen ansprechenden Kern mit einer Jakobskirche und dem Rathaus.

Als strategisch wichtiger Wachposten über dem Tal war das Castillo von ***Aledo** (65) (4 km nördlich) lange Zeit hart umkämpft. Das kleine Dorf wäre die perfekte »Location« für jeden Mantel-und-Degen-Film, den massiven Wehrturm des Kastells errichteten die Mauren im 11. Jh.

**Lorca (66)

La Ciudad del Sol – »Stadt der Sonne« – nennt sich Lorca (69 000 Einw.; 33 km von Alhama). Das ist genauso richtig wie verharmlosend, denn hier übersteigt die Sommerhitze schlicht jedes erträgliche Maß. Während der Reconquista markierte Lorca die Grenze zwischen dem maurischen Granada und dem christlichen Kastilien. Von den Kämpfen kündet noch das große Kastell hoch über der Stadt.

Römisches Erbe in Lorca: die Columna Miliaria

Im Zentrum, an der barocken Plaza de España, steht das monumentale Dreigespann aus Rathaus (*Casa Consistorial;* 17./18. Jh.), Amtsgericht *(Palacio del Corregidor)* und der Kirche ***Colegiata San Patricio** (16. Jh.; Altarbilder von Pedro Camacho). Links am Rathaus vorbei führt die Calle Alamo zur prachtvollen ***Casa de los Guevara.** Die gleichnamige Familie stellte ihren Wohlstand 1694 mit einem fantastischen Barockportal zur Schau (Öffnungszeiten nach Absprache mit dem Verkehrsamt). Im gut sortierten ***Centro de Artesanía** nebenan kann man sich nach netten Andenken (u. a. Keramik, Korbwaren) umsehen. Aus der Regierungszeit Kaiser Augustus' (27 v. Chr. bis 14 n. Chr.) datiert die Inschrift der ***Columna Miliaria,** eines römischen Meilensteins an der Plaza San Vicente.

Oficina de Turismo, López Gisbert, 12 (Palacio de Guevara), Tel./Fax 968 46 61 57.

Amaltea, La Torrecilla, Ctra. de Granada, Tel. 968 40 65 65, Fax 968 40 69 89, www.sercotel.es. Modern, und komfortabel; etwas außerhalb gelegen. ○○○

Cándido, Santo Domingo, 13, Tel. 968 46 69 07. Traditionelle Küche, populär. ○○

*Águilas 67

Über nur von spärlichen Hartgräsern bewachsene Bergrücken gelangt man auf der C-3211 nach 36 km bei Águilas wieder zum Meer. Der südlichste Badeort der Costa Cálida genießt bei den Murcianos und Madrileños große Beliebtheit, zunehmend finden auch Ausländer Gefallen an den abwechslungsreichen Stränden zwischen Felsenkaps und vorgelagerten Inselchen.

Das freundliche Ortszentrum am Hafen bildet die Plaza de España mit Springbrunnen und einem üppigen Park in seiner Mitte. Zum ***Barrio antiguo** reichen die Treppen an der Calle Escaleras hinauf, wo noch zwei intakte Windmühlen stehen, die freilich längst ausgemahlen haben.

Zum Schwimmen und Schnorcheln eignen sich bestens die *Playas* in Richtung des östlichen Cabo Cope, z. B. Calabardina und Hornillo.

Oficina de Turismo, Pl. Antonio Cortijo, s/n, Tel. 968 41 33 03, Fax 968 44 60 82.

El Paso, Cartagena, 13, Tel. 968 44 71 25, Fax 968 44 71 27. Preiswert und solide, mit gutem Restaurant. ○○

Die Sonne versinkt hinter der Bahía de Mazarrón

Al Sur, Torre de Cope, 24, Calabardina, Tel./Fax 968 41 94 66. Wunderschön über dem Meer gelegen; kleines Hotel mit mediterranem Flair. ○○

Las Brisas, Expl. del Puerto, s/n, Tel. 968 41 00 27. Gute Fischküche. ○○

Puerto de Mazarrón 68

Die Sierra nordöstlich von Águilas zählt zu den regenärmsten Gegenden Spaniens; ohne Reiz sind die bizarren Felsen aber nicht. Etwa nach 31 km zweigt eine enge Straße zur Küste zu den ***Puntas de Calnegre** ab, wo Meer, Wind und Sonne eine scharfkantige Steinwüste geschaffen haben. 53 km nach Águilas ist Puerto de Mazarrón erreicht, ein Fischer- und Badeort, der nur in den Sommermonaten zum Leben erwacht. Die weniger bebauten Strände erstrecken sich ostwärts bei Isla Plana und La Azohía.

Oficina de Turismo, Avenida Dr. Meca, 20, Tel. Fax 968 59 44 26.

Bahía, Playa de la Reya, s/n, Tel. 968 59 40 00, www.hotelbahia.net. Moderner Bau am Strand. ○○

5

Seite 91

Die Hafenstadt Cartagena blickt auf eine über 2000-jährige Geschichte zurück

5

Virgen del Mar, Paseo Marítimo, s/n, Tel. 968 59 50 57. Terrasse am Meer, Fisch und Meeresfrüchte. ○○

Seite 91

Im Sommer am Hafen, z. B. **La Casona,** Vía Axial.
Disko: Zaira, Urb. Playasol II.

*Cartagena 69

Die zweitgrößte Stadt der Region (176 000 Einw.) wurde 223 v. Chr. von den Karthagern gegründet. Den perfekten Naturhafen, umgeben von erzreichen Bergen, nutzten auch Römer, Byzantiner und Araber. Bis heute ist Cartagena die größte spanische Marinebasis am Mittelmeer; Matrosen und Kriegsschiffe gehören zum Alltag. Den besten Überblick hat man vom restaurierten **Castillo de la Concepción.**

Die betriebsame Calle Mayor führt vom Rathaus zur Plaza San Sebastián, wo die schwungvolle Jugendstilfassade des einstigen ***Gran Hotel** (1916) auffällt. Solche verschnörkelten Paläste leisteten sich die Bürger, als in der nahen Sierra die Erzminen noch boomten. Ein weiteres Beispiel ist die ***Casa Maestre** an der von Platanen bestandenen Plaza San Francisco. Wenig westlich davon sind an der Calle del Duque Reste einer römischen Häuserzeile erhalten. Der leicht heruntergekommenen Plaza de la Merced verleiht der ***Palacio Aguirre** (1901) etwas Glanz.

Zahlreiche Bars und nette Geschäfte säumen die autofreie Calle Cuatro Santos; an der Cuesta de la Baronesa stehen die morschen Gemäuer der Kathedrale Santa María, im 13. Jh. über einem römischen Theater erbaut und im Spanischen Bürgerkrieg zerstört. Viele römische und byzantinische Fundstätten liegen hier schichtweise über- und nebeneinander. Eine Übersicht gibt das **Museo Arqueológico,** errichtet über einem spätrömischen Gräberfeld in der Calle Ramón y Cajal (Di–Fr 10–13, 16–18 Uhr, Sa/So 10 bis 13 Uhr). Ebenfalls interessant: das **Museo Nacional de Arqueología Marítima** (Meeresarchäologie) gegenüber dem Militärhafen (Di–So 10 bis 15 Uhr).

Oficina de Turismo, Ayuntamiento, Tel. 968 50 64 83, Fax 968 50 16 90.

Cartagonova, Marcos Redondo, 3, Tel. 968 50 42 00, Fax 968 50 59 66, www.hotelcartagonova.com. Zentral, z. T. renovierungsbedürftig. ○○

Los Habaneros, San Diego, 60, Tel. 968 50 52 50, Fax 968 50 91 04, www.forodigital.es/habaneros. Solide, mit gut besuchtem Restaurant. ○○

Peninsular, Cuatro Santos, 3, Tel. 968 50 00 33. Bescheidenes Altstadthotel. ○

Mare Nostrum, Paseo Alfonso XIII, s/n, Tel. 968 52 21 31. Fisch und Meeresfrüchte satt, mit schönem Blick auf die Stadt. ○○

Los Churrascos, Av. Filipinas, 13, El Algar (15 km nördlich Cartagenas), Tel. 968 13 61 44. Die Anfahrt lohnt sich: Fisch und Fleisch vom Feinsten, nicht zu teuer, guter Weinkeller. ○○

Centro de Artesanía, Ronda de La Unión, s/n. Solides Kunsthandwerk.

Livejazz und Kleinkunst bietet **Directo,** Sagasta, 7. »In«-Treff in einer renovierten Lagerhalle: **Cervecería Principal,** Cuesta de la Baronesa.

La Unión ⑦⓪

Die Stadt (14 000 Einw.) leidet seit Schließung der letzten Minen im Jahr 1992 unter hoher Arbeitslosigkeit. Nur noch die Flamenco-Barden beim Festival del Cante de las Minas, das jeden August stattfindet, singen das Lied von der Mühsal unter Tage. Wer über die Geschichte der rostigen Fördertürme in der Sierra etwas mehr wissen will, sollte das liebevoll ausgestattete **Museo Minero** besuchen (Pl. Asensio Sáez; Mo–Fr 11–13.30, 17–19.30 Uhr).

Oficina de Turismo, Pl. de Joaquín Costa, Tel. 968 54 16 14.

Im Kontrast zur fast bis zur Unkenntlichkeit zerstörten Küstenzone steht die Luxusoase des Hyatt-Regency-Golfklubs. Bevor sich in La Manga del Mar Menor (s. S. 82) der Kreis schließt, kann man im Naturpark ***Callblanque** bei Los Belones beim Baden in einsamen Felsbuchten entspannen.

Infos von A–Z

Ärztliche Versorgung

In größeren Orten stehen im Krankheitsfall neben Arztpraxen auch Gesundheitszentren *(centros de salud)* zur Verfügung. Mitglieder gesetzlicher Krankenkassen in Deutschland werden in öffentlichen Kliniken gegen Vorlage des Auslandskrankenscheins E 111 kostenfrei behandelt. Die Kosten für einen medizinisch notwendigen Rücktransport trägt jedoch nur eine private Reisekrankenversicherung, die zudem freie Arztwahl garantiert.

Diplomatische Vertretungen

(B: Botschaft; GK: Generalkonsulat; HK: Honorarkonsulat)

Deutschland: (B) Fortuny, 8, Madrid, Tel. 913 19 91 00, Fax 913 10 21 04. (GK) Paseo de Gràcia, 111, Barcelona, Tel. 932 92 10 00. (HK) Pl. Calvo Sotelo, 1, Alicante, Tel. 965 21 70 60. (HK) Av. Primado Reig, 70, València, Tel. 963 61 43 54.

Österreich: (B) Paseo de la Castellana, 91, 9. Stock, Tel. 915 56 53 15, Fax 915 97 35 79. (GK) Balmes, 200, Barcelona, Tel. 932 17 60 58. (HK) Convento Santa Clara, 10, València, Tel. 963 52 22 12.

Schweiz: (B) Núñez de Balboa, 35, 7. Stock, Madrid, Tel. 914 31 34 00, Fax 915 77 68 98. (GK) Gran Vía de Carlos III, 94, 7. Stock, Barcelona, Tel. 933 30 92 11.

Einreise

Deutsche, Österreicher und Schweizer benötigen für Aufenthalte von bis zu drei Monaten Dauer nur den gültigen Personalausweis bzw. die nationale Identitätskarte; Kinder unter 16 Jahre einen Kinderausweis oder einen Eintrag im Reisepass der Eltern.

Elektrizität

Die Netzspannung beträgt in der Regel 220 Volt, nur in kleineren Dörfern noch gelegentlich 110 Volt. Für Geräte mit Schukosteckern ist ein Adapter nötig.

Feiertage

Neujahr; 6. Januar (Hl. Drei Könige); 19. März (Josefi); Karfreitag; 1. Mai (Tag der Arbeit); 9. Juni (Nationalfeiertag in Murcia); Fronleichnam; 25. Juli (Hl. Jakob); 15. August (Mariä Himmelfahrt); 9. Oktober (Nationalfeiertag in València); 12. Oktober (Kolumbustag); 1. November (Allerheiligen); 6. Dezember (Tag der Verfassung); 25. Dezember (Weihnachten). Dazu kommen noch lokale Feiertage – allein in Murcia über 30.

Geld

Seit 1.1.2002 ist der Euro offizielles Zahlungsmittel in Spanien. Zum Schweizer Franken schwankt der Kurs weiterhin: 1 € = 1,47 CHF (Februar 2002).

Da die Banken für den Umtausch unterschiedlich hohe Gebühren verlangen, lohnt sich ein Vergleich. Gratis tauscht die Landeszentralbank *(Banco de España);* in València: C. Barcas, 6; in Murcia: C. Gran Vía, 20; in Alicante: Rambla de Méndez Núñez, 31.

Mit Eurocheque-Karten kann an vielen Geldautomaten *(telebanco)* bar abgehoben werden; Kreditkarten werden weithin akzeptiert.

Immobilien

Makler und Bauunternehmer werben überall an der Costa Blanca mit teilweise aggressiven Methoden für den Kauf von Ferienwohnungen zum »Vorzugspreis«. In der Branche sind einige notorische Bauernfänger tätig; Immobilienkauf ist Vertrauenssache und sollte nie überstürzt werden!

Information

Auskünfte erteilen die staatlichen Spanischen Fremdenverkehrsämter; zentrale Rufnummer für die Bestellung von Prospektmaterial: Tel. (0 61 23) 9 91 34, Fax 9 91 51 34. Im Internet: www.tourspain.es.

- **Deutschland:** Myliusstraße 14, 60323 Frankfurt/M., Tel. (0 69) 72 50 33, Fax 72 53 13; Grafenberger Allee 100, 40237 Düsseldorf, Tel. (02 11) 6 80 39 80, Fax 6 80 39 85; Postfach 15 19 40, 80051 München, Tel. (0 89) 5 30 74 60, Fax 5 32 86 80; Kurfürstendamm 180, 10707 Berlin, Tel. (0 30) 8 82 65 43, Fax 8 82 66 61.
- **Österreich:** Walfischgasse 8–14, 1010 Wien, Tel. (01) 5 12 95 80, Fax 5 12 95 81.
- **Schweiz:** Seefeldstraße 19, 8008 Zürich, Tel. (01) 2 52 79 30, Fax 2 52 62 04.

Die zuständigen Behörden in den Autonomen Regionen València und Murcia sind:

- **Agència Valenciana del Turisme,** Av. Aragón, 30, 46021 València, Tel. 963 98 00 00, Fax 963 98 00 01.
- **Región de Murcia,** Dirección General de Turismo, San Cristóbal, 6, 30001 Murcia, Tel. 968 36 61 30, Fax 968 36 61 10.
- **Info in Spanien:** Tel. 901 30 06 00

Kriminalität

Spaniens Autoknacker sind berüchtigt. Besonders in Städten sollte man den Wagen ausschließlich auf bewachten Parkplätzen abstellen. Lassen Sie auf keinen Fall Wertgegenstände im Auto liegen; das leere Handschuhfach sollte von außen sichtbar offen stehen. Teure Autoradios sollten diskret abdeckbar oder leicht herauszunehmen sein.

Notruf

- Polizei, Feuerwehr, Notarzt: Tel. 1 12.
- ADAC-Notruf: Tel. 934 78 78 78.

Öffnungszeiten

- Die meisten **Geschäfte** öffnen Mo bis Sa 9.30–13.30 sowie 15.30 bis 20 Uhr. Supermärkte und Kaufhäuser verzichten oft auf Siesta und freien Sonntag, ein verbindliches Ladenschlussgesetz existiert ohnehin nicht.
- In **Banken** wird in der Regel werktags 9–13.30, samstags bis 12 Uhr gearbeitet.
- **Postämter** sind werktags 9–14 sowie 16–18 Uhr geöffnet, samstags nur am Vormittag.
- Viele **Museen** bleiben montags ganz geschlossen.

Post

Postämter *(corréos)* sind werktags 9–14 sowie 16–18 Uhr geöffnet, samstags nur am Vormittag. Briefmarken *(sellos)* erhält man außer am Schalter auch im Tabak- und Zeitschriftenladen *(estanco)*.

Souvenirs

Das Land València ist bekannt für seine Töpfer- und Keramikwaren. Schöne Teller, Krüge und Kacheln werden z. B. in Agost, Onil und Biar gefertigt. Spitzenüberwürfe *(mantillas)*, Tücher und Fächer *(abanicos)* im Folklorestil gibt es überall zu kaufen, Teppiche und Wandbehänge z. B. in Lorca und Crevillent. Korbwaren aus Schilfrohr, Espartogras oder Palmblättern werden in Gata de Gorgos und Elx hergestellt, Einlegearbeiten (Schachbretter, Dosen etc.) und Silberschmuck vor allem in Murcia. Spanische Designermode *(alta costura)* ist derzeit stark en vogue, relativ preiswert sind schicke Schuhe und Lederaccessoires.

Als kulinarische Mitbringsel empfehlen sich gefüllte Oliven aus Alcoi, Reis aus Calasparra, *turrón* aus Xixona, Schinken aus Teruel oder Wein aus Jumilla und Requena.

Telefon

Das Telefonamt *(Telefónica)* ist normalerweise vom Postamt getrennt. Internationale Gespräche sind außerdem von jedem öffentlichen Apparat aus möglich. Entweder man bezahlt mit Münzen oder per Telefonkarte *(tarjeta)*, erhältlich u. a. in Tabakläden.

- **Anrufe aus Spanien:** Auslandsvorwahlen für Deutschland: 00 49, Österreich: 00 43, Schweiz: 00 41.
- **Anrufe nach Spanien:** 00 34 (nationale Vorwahl), anschließend direkt die Nummer des Teilnehmers wählen.
- **Auskunft:** national: Tel. 10 03, international: Tel. 1025.

Trinkgeld

Trinkgeld *(propina)* wird für viele Dienstleistungen erwartet. Kellner erhalten ca. 10 % des Rechnungsbetrages, Gepäckträger und Zimmermädchen rund 50 Cent pro Koffer bzw. Aufenthaltstag. Auch in Bars und Cafés lässt man stets etwas Kleingeld liegen.

Zeit

MEZ; es gilt die europäische Sommerzeit.

Zollbestimmungen

Bei Reisenden aus EU-Ländern akzeptiert der Zoll 800 Zigaretten und 10 l Hochprozentiges (pro Person ab 15 bzw. 17 Jahren) für den Privatverbrauch. Schweizer dürfen aus Spanien u. a. zollfrei einführen: 2 l Wein, 1 l mit mehr oder 2 l mit weniger als 15° Alkoholgehalt, 200 Zigaretten oder 50 Zigarren, 50 g Parfüm. Souvenirs sind bis zum Gesamtwert von 175 € bzw. 200 CHF abgabenfrei.

Langenscheidt Mini-Dolmetscher Spanisch

Allgemeines

Guten Tag.	Buenos días. [buenos **di**as]
Hallo!	¡Hola! [**o**la]
Wie geht's?	¿Qué tal? [ke tal]
Danke, gut.	Bien, gracias. [bjen **gra**θjas]
Ich heiße ...	Me llamo ... [me **lja**mo]
Auf Wiedersehen.	Adiós. [a**djos**]
Morgen	mañana [ma**nja**na]
Nachmittag	tarde [**tar**de]
Abend	tarde [**tar**de]
Nacht	noche [**no**tsche]
morgen	mañana [ma**nja**na]
heute	hoy [oi]
gestern	ayer [a**jer**]
Sprechen Sie Deutsch / Englisch?	¿Habla usted alemán / inglés? [**a**bla us**ted** ale**man** / in**gles**]
Wie bitte?	¿Cómo? [**ko**mo]
Ich verstehe nicht.	No he entendido. [no e enten**di**do]
Wiederholen Sie bitte.	Por favor, repítalo. [por fa**wor** re**pi**talo]
..., bitte.	..., por favor. [por fa**wor**]
danke	gracias [**gra**θjas]
Keine Ursache.	De nada. [de **na**da]
was / wer / welcher	qué / quién / cuál [ke / kjen / ku**al**]
wo / wohin	dónde / adónde [**don**de / a**don**de]
wie / wie viel / wann / wie lange	cómo / cuánto / cuándo / cuánto tiempo [**ko**mo / ku**an**to / ku**an**do / ku**an**to **tjem**po]
Warum?	¿por qué? [por **ke**]
Wie heißt das?	¿Cómo se llama esto? [**ko**mo ße **lja**ma **es**to]
Wo ist ...?	¿Dónde está ...? [**don**de es**ta** ...]
Können Sie mir helfen?	¿Podría usted ayudarme? [po**dria** us**ted** aju**dar**me]
ja	sí [ßi]
nein	no [no]
Entschuldigen Sie.	Perdón. [per**don**]
Das macht nichts.	No pasa nada. [no **pa**ßa **na**da]

Sightseeing

Gibt es hier eine Touristeninformation?	¿Hay por aquí cerca una información turística? [ai por a**ki** **θer**ka **u**na imforma**θjon** turis**ti**ka]
Ich möchte einen Stadtplan / ein Hotelverzeichnis.	¿Tiene un plano de la ciudad / una lista de hoteles? [**tje**ne um **pla**no de la θiu**dad** / **u**na **lis**ta de o**te**les]
Wann ist das Museum geöffnet?	¿Cuándo está abierto el museo? [ku**an**do es**ta** a**bjer**to el mu**ßeo**]
Wann ist die Kirche / die Ausstellung geöffnet?	¿Cuándo está abierta la iglesia / la exposición? [ku**an**do es**ta** a**bjer**ta la **igle**ßja / la espoßi**θjon**]
geschlossen	cerrado [θe**rra**do]

Shopping

Wo gibt es ...?	¿Dónde hay ...? [**don**de ai]
Wie viel kostet das?	¿Cuánto cuesta? [ku**an**to ku**es**ta]
Das ist zu teuer.	Es demasiado caro. [es dema**ßja**do **ka**ro]
Das gefällt mir (nicht).	(No) me gusta. [(no) me **gus**ta]
Gibt es das in einer anderen Farbe / Größe?	¿Tienen este modelo en otro color / otra talla? [**tje**nen **es**te mo**de**lo en **o**tro co**lor** / **o**tra **ta**lja]
Ich nehme es.	Me lo llevo. [me lo **lje**vo]
Wo ist eine Bank?	¿Dónde hay un banco? [**don**de ai um **ban**ko]
Ich suche einen Geldautomaten.	Busco un cajero automático. [**bus**ko un ka**che**ro auto**ma**tiko]
Geben Sie mir bitte 100 g Käse / zwei Kilo Pfirsiche.	Por favor, déme cien gramos de queso / dos kilos de melocotones. [por fa**wor** **de**me θjen **gra**mos de **ke**ßo / dos **ki**los de meloko**to**nes]
Haben Sie deutsche Zeitungen?	¿Tienen periódicos alemanes? [**tje**nen per**jo**dikos ale**ma**nes]
Wo kann ich telefonieren?	¿Dónde puedo llamar por teléfono? [**don**de puedo lja**mar** por te**le**fono]
Wo kann ich eine Telefonkarte kaufen?	¿Dónde puedo comprar una tarjeta telefónica? [**don**de puedo kom**prar** **u**na tar**che**ta tele**fo**nika]

Notfälle

Ich brauche einen Arzt / Zahnarzt.	Necesito un médico / un dentista. [neθe**ßi**to um **me**diko / un den**tis**ta]

Rufen Sie bitte einen Krankenwagen / die Polizei.	Por favor, llame a una ambulancia / a la policía. [por fa**wor** **lja**me a **u**na ambu**lan**θja / a la poli**θi**a]
Wir hatten einen Unfall.	Hemos tenido un accidente. [**e**mos te**ni**do un agθi**den**te]
Wo ist das nächste Polizeirevier?	¿Dónde está el puesto de policía más cercano? [**don**de es**ta** el pu**es**to de poli**θi**a mas θer**ka**no]
Ich bin bestohlen worden.	Me han robado. [me an ro**ba**do]
Mein Auto ist aufgebrochen worden.	Me han abierto el coche. [me an a**bjer**to el **ko**tsche]

Essen und Trinken

Die Speisekarte, bitte.	La carta, por favor. [la **kar**ta, por fa**wor**]
Brot	pan [pan]
Kaffee	café [ka**fe**]
Tee	té [te]
mit Milch / Zucker	con leche / azúcar [kon **le**tsche / a**θu**kar]
Orangensaft	zumo de naranja [**θu**mo de na**ran**cha]
Mehr Kaffee, bitte.	Más café, por favor. [mas ka**fe** por fa**wor**]
Suppe	sopa [**ß**opa]
Fisch	pescado [pes**ka**do]
Meeresfrüchte	mariscos [ma**ris**kos]
Fleisch	carne [**kar**ne]
Geflügel	aves [**a**wes]
Reis	arroz [a**rros**]
Beilage	guarnición [guarni**θjon**]
vegetarische Gerichte	comida vegetariana [ko**mi**da vechetar**ja**na]
Eier	huevos [**ue**wos]
Salat	ensalada [enßa**la**da]
Dessert	postre [**pos**tre]
Obst	fruta [**fru**ta]
Eis	helado [e**la**do]
Wein	vino [**bi**no]
weiß / rot / rosé	blanco / tinto / rosado [**blan**ko / **tin**to / ro**ßa**do]
Bier	cerveza [θer**we**θa]
Aperitif	aperitivo [aperi**ti**wo]
Wasser	agua [**a**gua]
Mineralwasser	agua mineral [**a**gua mine**ral**]
mit / ohne Kohlensäure	con / sin gas [kon / ßin gas]
Limonade	gaseosa [gaße**o**ßa]
Frühstück	desayuno [deßa**ju**no]
Mittagessen	comida [ko**mi**da]
Abendessen	cena [**θe**na]
eine Kleinigkeit	una cosita [**u**na ko**ßi**ta]

Ich möchte zahlen.	La cuenta, por favor. [la ku**en**ta por fa**wor**]
Es war sehr gut / nicht so gut.	Estaba muy bueno / no tan bueno. [es**ta**ba mui bu**e**no / no tan bu**e**no]

Im Hotel

Ich suche ein gutes / ein nicht zu teures Hotel.	Busco un buen hotel / un hotel económico. [**bus**ko um bu**en** o**tel** / un o**tel** eko**no**miko]
Ich habe ein Zimmer reserviert.	Tengo una habitación reservada. [**ten**go **u**na abita**θjon** reßer**wa**da]
Ich suche ein Zimmer für ... Personen.	Busco una habitación para ... personas. [**bus**ko **u**na abita**θjon** **pa**ra ... per**ßo**nas]
Mit Dusche und Toilette.	Con ducha y wáter. [kon **du**tscha i **wa**ter]
Mit Balkon / Blick aufs Meer.	Con balcón / vista al mar. [kon bal**kon** / **bi**sta al mar]
Wie viel kostet das Zimmer pro Nacht?	¿Cuánto cuesta la habitación por noche? [ku**an**to ku**es**ta la abita**θjon** por **no**tsche]
Mit Frühstück?	¿Con desayuno? [kon deßa**ju**no]
Kann ich das Zimmer sehen?	¿Puedo ver la habitación? [pu**e**do wer la abita**θjon**]
Haben Sie ein anderes Zimmer?	¿Tienen otra habitación? [**tje**nen **o**tra abita**θjon**]
Es gefällt mir (nicht).	(No) me gusta. [(no) me **gus**ta]
Kann ich mit Kreditkarte zahlen?	¿Puedo pagar con tarjeta de crédito? [pu**e**do pa**gar** kon tar**che**ta de **kre**dito]
Wo kann ich parken?	¿Dónde puedo dejar el coche? [**don**de pu**e**do de**char** el **ko**tsche]
Können Sie das Gepäck in mein Zimmer bringen?	¿Puede llevarme el equipaje a la habitación? [pu**e**de lje**war**me el eki**pa**che a la abita**θjon**]
Haben Sie einen Platz für ein Zelt / einen Wohnwagen / ein Wohnmobil?	¿Les queda algún sitio libre para una tienda / una caravana / una autocaravana? [les **ke**da al**gun** **ßi**tjo **li**bre **pa**ra **u**na **tjen**da / **u**na kara**wa**na / **u**na autokara**wa**na]
Wir brauchen Strom / Wasser.	Necesitamos corriente / agua. [neθeßi**ta**mos ko**rrjen**te / **a**gua]

Orts- und Sachregister

Personenregister

Zeichenerklärung

Unsere Preissymbole bedeuten:

Hotel (DZ):		
	❍❍❍	ab 80 €
	❍❍	30 bis 80 €
	❍	unter 30 €

Restaurant (Menü à la carte):		
	❍❍❍	ab 30 €
	❍❍	10 bis 30 €
	❍	unter 10 €

Polyglott im Internet: www.polyglott.de,
im Shell GeoStar unter www.ShellGeoStar.com,
im Travel Channel unter www.travelchannel.de

Alle Informationen stammen aus zuverlässigen Quellen und wurden sorgfältig geprüft. Für ihre Vollständigkeit und Richtigkeit können wir jedoch keine Haftung übernehmen.
Ergänzende Anregungen bitten wir zu richten an:
Polyglott Verlag, Redaktion, Postfach 40 11 20, 80711 München.
E-Mail: redaktion@polyglott.de

Impressum

Herausgeber: Polyglott-Redaktion
Autor: Robert Möginger
Lektorat: Dr. Jutta Schütz
Layout: Ute Weber, Geretsried
Karten und Pläne: Annette Buchhaupt
Titeldesign-Konzept: Independent Medien-Design
Satz: Tim Schulz, Dagebüll
Satz Special: Carmen Marchwinski, München

Erste Auflage 2002

Printed in Germany
ISBN 3-493-58841-0
Dieses Buch wurde auf chlorfrei gebleichtem Papier gedruckt.

Das unverwechselbare Polyglott-Sternchensystem

***** eine eigene Reise wert** **** einen Umweg wert** *** sehr sehenswert**

- ** **València** (S. 32 ff.)
- ** Catedral de Santa Maria (S. 32)
- ** Plaza de la Virgen (S. 34)
- ** Palau del Marqués de Dos Aigües (S. 34)
- ** El Mercat Central (S. 36)
- ** La Llotja (S. 36
- ** Torre Santa Catalina (S. 37)
- ** Museo de Belles Arts (S. 38)
- ** Ciutat de les Arts i de les Ciènces (S. 40)

- * **Alicante (Alacant)** (S. 42 ff.)
- ** Explanada de Espanya (S. 43)
- ** Museo de Arte Siglo XX, »La Aseguarda« (S. 43)
- ** Castillo Santa Bárbara (S. 43)

- * **Murcia** (S. 46 ff.)
- ** Kathedrale Santa Maria (S. 46)
- ** Museo Salzillo (S. 49)

- ** Peníscola (S. 56)
- ** Morella (S. 60)
- *** Teruel (S. 66)
- ** Guadalest (S. 76)
- ** Xàtiva (S. 86)
- ** Valle de Ricote (S. 93)
- ** Caravaca de la Cruz (S. 94)
- ** Lorca (S. 96)

Die Costa Blanca im Internet

www.turisvalencia.com
www.alicanteturismo.com
www.murcia-turismo.com
www.fallas.com
www.comunitat-valenciana.com
www.marmenor.net
www.portalbenidorm.com
www.costablanca.org
www.costamediterranea.com
www.tourspain.es

Der Autor

Robert Möginger

lebt als freier Autor und Reisejournalist in München. Sein Interessenschwerpunkt liegt im hispanischen Raum; mit der Levante ist er seit langem bestens vertraut: In Murcia absolvierte er nämlich einen Teil seines Studiums.